Gerade und ungerade Zahlen

① Male an: gerade Zahlen ▬▬▬
               ungerade Zahlen ▬▬▬

AF217783

16   8   4   15

        5   9   3

    19   17   14

        1   2   11

12   6   13   20   7   18   10

---

② Finde Aufgaben mit den Zahlen 0 bis 20.

a) gerade – gerade
    Zahl   Zahl

    10 – 2 = 8

    ☐ – ☐ = ☐

    ☐ – ☐ = ☐

    ☐ – ☐ = ☐

b) ungerade – ungerade
    Zahl   Zahl

    ☐ – ☐ = ☐

    ☐ – ☐ = ☐

    ☐ – ☐ = ☐

    ☐ – ☐ = ☐

c) gerade – ungerade
    Zahl   Zahl

    ☐ – ☐ = ☐

    ☐ – ☐ = ☐

    ☐ – ☐ = ☐

    ☐ – ☐ = ☐

d) ungerade – gerade
    Zahl   Zahl

    ☐ – ☐ = ☐

    ☐ – ☐ = ☐

    ☐ – ☐ = ☐

    ☐ – ☐ = ☐

---

③ Male die geraden Ergebniszahlen ▬▬▬ .
   Male die ungeraden Ergebniszahlen ▬▬▬ .

Gerade und ungerade Zahlen

① Finde Aufgaben mit geraden Ergebniszahlen.

a) 7 + [5] = [12]

12 + [ ] = [ ]

5 + [ ] = [ ]

10 + [ ] = [ ]

9 + [ ] = [ ]

b) 8 + [ ] = [ ]

19 + [ ] = [ ]

14 + [ ] = [ ]

15 + [ ] = [ ]

6 + [ ] = [ ]

c) 0 + [ ] = [ ]

11 + [ ] = [ ]

16 + [ ] = [ ]

20 + [ ] = [ ]

13 + [ ] = [ ]

② Finde Aufgaben mit ungeraden Ergebniszahlen.

a) 9 − [ ] = [ ]

3 − [ ] = [ ]

20 − [ ] = [ ]

5 − [ ] = [ ]

16 − [ ] = [ ]

b) 3 + [ ] = [ ]

14 + [ ] = [ ]

17 + [ ] = [ ]

11 + [ ] = [ ]

10 + [ ] = [ ]

c) 19 − [ ] = [ ]

0 + [ ] = [ ]

8 − [ ] = [ ]

6 + [ ] = [ ]

17 − [ ] = [ ]

③ Ist die Ergebniszahl gerade oder ungerade?
Male sie an.

a) [ ] + [ ] = [ ]

[ ] + [ ] = [ ]

[ ] − [ ] = [ ]

[ ] − [ ] = [ ]

[ ] + [ ] = [ ]

[ ] − [ ] = [ ]

b) [ ] + [ ] + [ ] = [ ]

[ ] + [ ] + [ ] = [ ]

[ ] + [ ] + [ ] = [ ]

[ ] − [ ] − [ ] = [ ]

[ ] − [ ] − [ ] = [ ]

[ ] − [ ] − [ ] = [ ]

Name: Datum:

Plusaufgaben und Minusaufgaben üben

①   a) 4 + 3 = ☐   b)   5 + 4 = ☐   c)   1 + 6 = ☐

   14 + 3 = ☐   ☐ + 4 = ☐   ☐ + ☐ = ☐

   d) 9 – 5 = ☐   e)   8 – 6 = ☐   f)   7 – 4 = ☐

   19 – 5 = ☐   ☐ – 6 = ☐   ☐ – ☐ = ☐

---

②   a) 8 + 5 = ☐   b) 6 + 7 = ☐   c) 9 + 7 = ☐

   8 + 2 + 3 = ☐   6 + 4 + ☐ = ☐   ☐ + ☐ + ☐ = ☐

---

③ a) 15 – 7 = ☐   b) 13 – 8 = ☐   c) 16 – 9 = ☐

   15 – 5 – 2 = ☐   13 – 3 – ☐ = ☐   ☐ – ☐ – ☐ = ☐

---

④  Rechne die Entdeckerpäckchen.

   a) 8 + 2 = ☐   b) 10 + 6 = ☐   c) 10 – 8 = ☐

   8 + 3 = ☐   9 + 6 = ☐   11 – 8 = ☐

   8 + 4 = ☐   8 + 6 = ☐   12 – 8 = ☐

   8 + 5 = ☐   7 + 6 = ☐   13 – 8 = ☐

   ☐ + ☐ = ☐   ☐ + ☐ = ☐   ☐ – ☐ = ☐

---

⑤ Rechne die Ergänzungsaufgaben.

   a) 18 = 10 + ☐   b) 11 = 15 – ☐   c) 16 = ☐ + 7

   18 = 7 + ☐   11 = 19 – ☐   16 = ☐ + 4

   18 = 4 + ☐   11 = 20 – ☐   16 = ☐ + 2

Plusaufgaben und Minusaufgaben üben

1 Finde alle 4 Aufgaben.

a)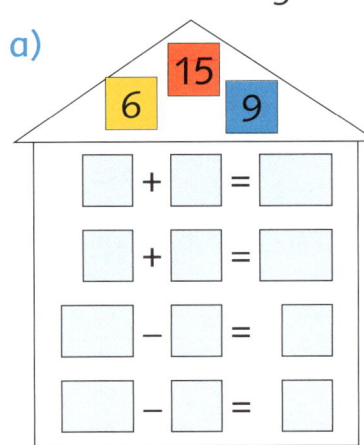

☐ + ☐ = ☐
☐ + ☐ = ☐
☐ – ☐ = ☐
☐ – ☐ = ☐

b)

☐ + ☐ = ☐
☐ + ☐ = ☐
☐ – ☐ = ☐
☐ – ☐ = ☐

c)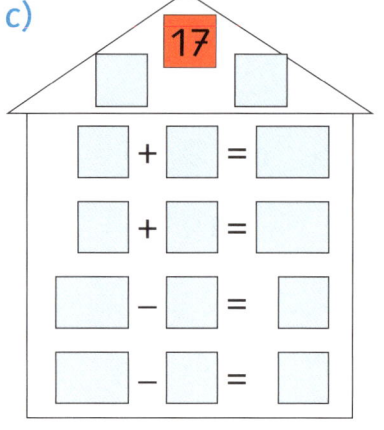

☐ + ☐ = ☐
☐ + ☐ = ☐
☐ – ☐ = ☐
☐ – ☐ = ☐

2 Rechne die Umkehraufgaben.

a) $12 - 5 =$ ☐
☐ $+ 5 =$ ☐

b) $13 - 7 =$ ☐
☐ $+ 7 =$ ☐

c) $15 - 6 =$ ☐
☐ $+ 6 =$ ☐

3 Rechne die Entdeckerpäckchen.

a) $9 + 2 =$ ☐
$9 + 3 =$ ☐
☐ $+$ ☐ $=$ ☐
☐ $+$ ☐ $=$ ☐
☐ $+$ ☐ $=$ ☐

b) $15 - 6 =$ ☐
$15 - 7 =$ ☐
☐ $-$ ☐ $=$ ☐
☐ $-$ ☐ $=$ ☐
☐ $-$ ☐ $=$ ☐

c) $12 + 7 =$ ☐
$11 + 8 =$ ☐
$10 +$ ☐ $=$ ☐
☐ $+$ ☐ $=$ ☐
☐ $+$ ☐ $=$ ☐

4 Finde eigene Entdeckerpäckchen.

a) ☐ $+$ ☐ $=$ ☐
☐ $+$ ☐ $=$ ☐
☐ $+$ ☐ $=$ ☐
☐ $+$ ☐ $=$ ☐
☐ $+$ ☐ $=$ ☐

b) ☐ $-$ ☐ $=$ ☐
☐ $-$ ☐ $=$ ☐
☐ $-$ ☐ $=$ ☐
☐ $-$ ☐ $=$ ☐
☐ $-$ ☐ $=$ ☐

c) ☐ ○ ☐ $=$ ☐
☐ ○ ☐ $=$ ☐
☐ ○ ☐ $=$ ☐
☐ ○ ☐ $=$ ☐
☐ ○ ☐ $=$ ☐

Rechendreiecke

Rechne als Plusaufgaben.

1 a)

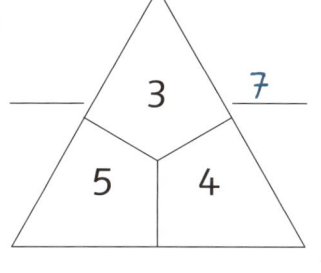

b)

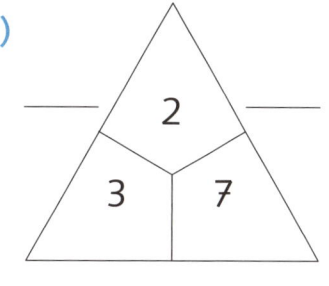

c)

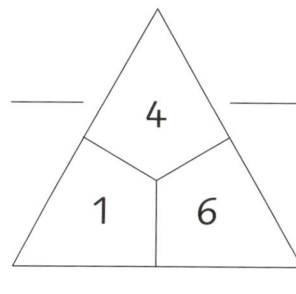

2 a)

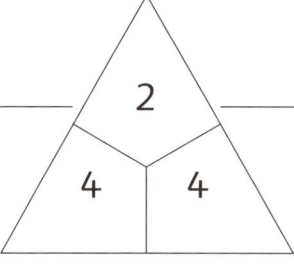

b)

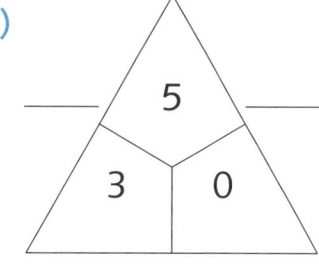

c)

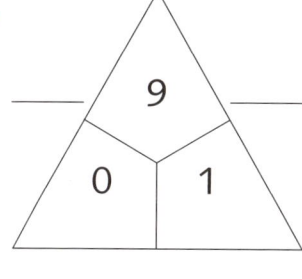

3 a)

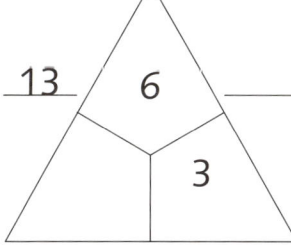

b)

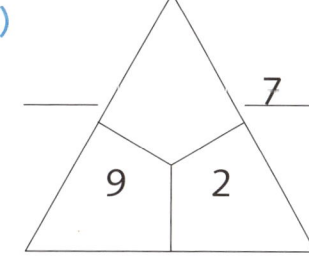

c)

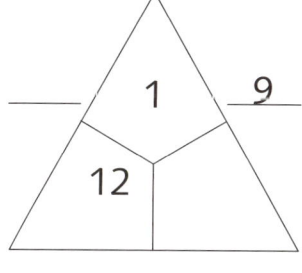

4 a)

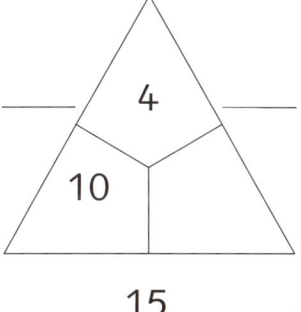

b)

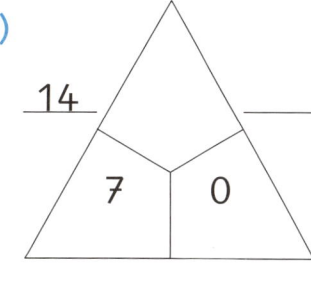

c)

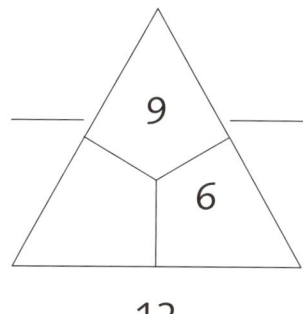

▶SB 8–13

Rechendreiecke

Rechne als Plusaufgaben.

 a)

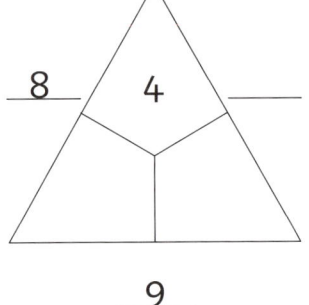

b)

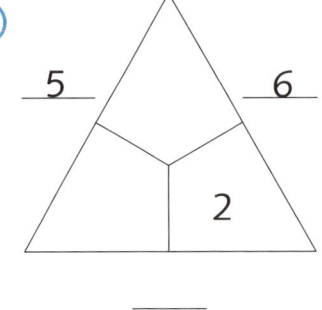

c)

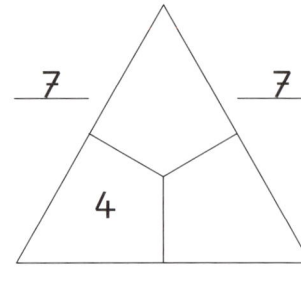

② a)

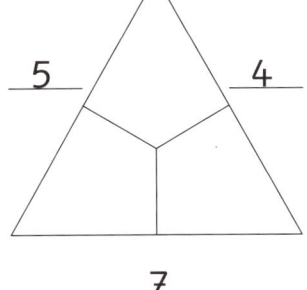

b)

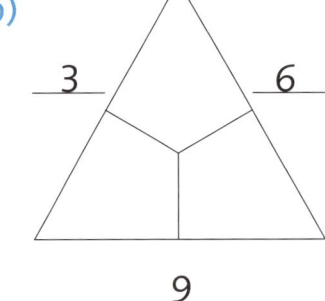

c)

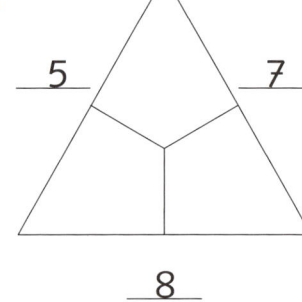

●

③ a)

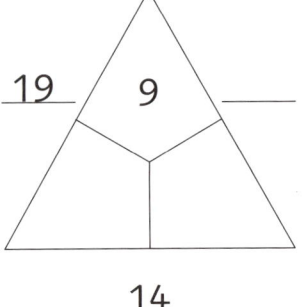

b)

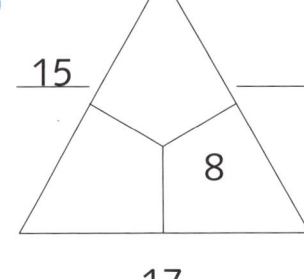

c)

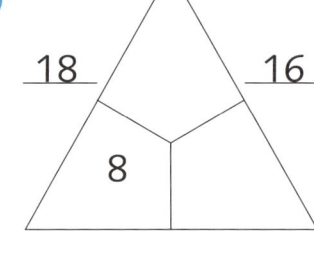

●

④ a)

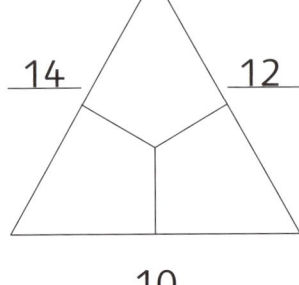

b)

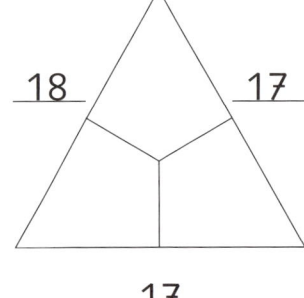

c)

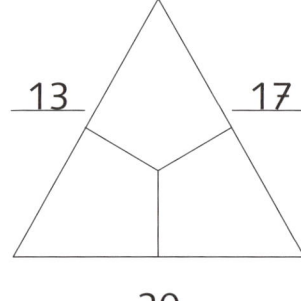

Name: Datum:

Die Zahlen bis 100 bündeln

① Wie heißt die Zahl?

a)
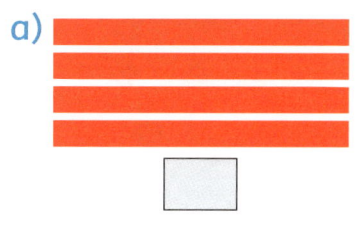

b)
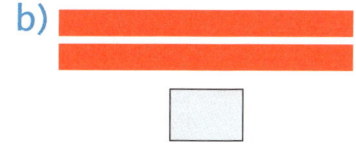

c)
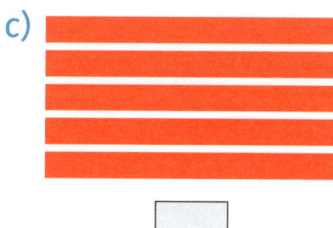

d)
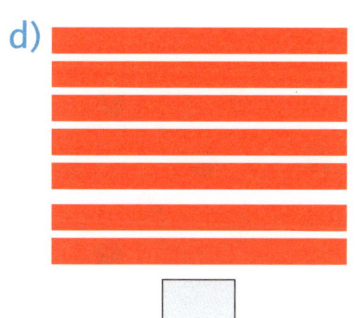

e)

f)

② Wie viele sind es?

a)

b)

c)

d)
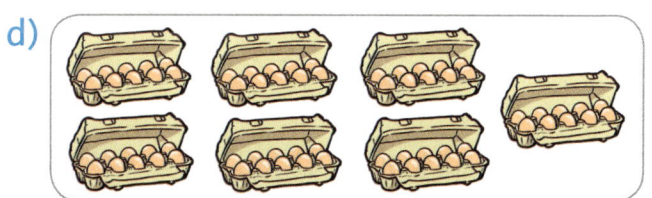 

▶ SB 14/15

★

Die Zahlen bis 100 bündeln

① Wie heißt die Zahl?

a)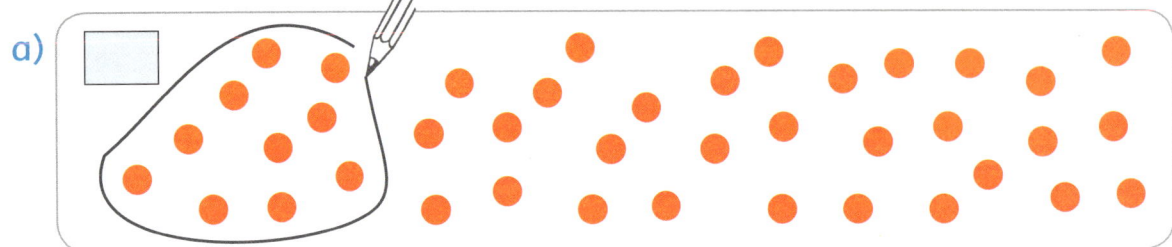

b)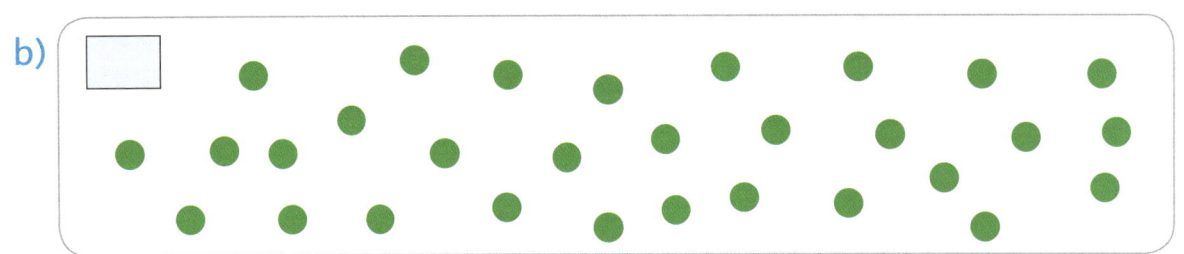

c)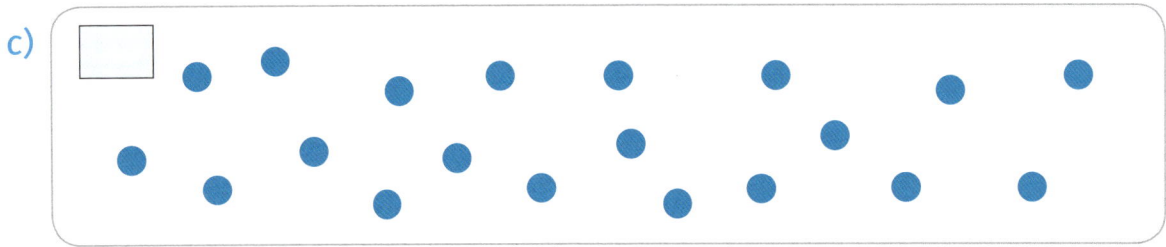

d)

② Wie heißt die Zahl?

a) 5 Zehner ☐   b) 2 Zehner ☐

c) 9 Zehner ☐   d) 8 Zehner ☐

e) 3 Zehner ☐   f) 6 Zehner ☐

g) 7 Zehner ☐   h) 4 Zehner ☐

i) 10 Zehner ☐   j) 1 Zehner ☐

Zehner und Einer

① Wie viele Zehner und wie viele Einer sind es?

a)

6 Z + 2 E = ☐

60 + 2 = ☐

b)
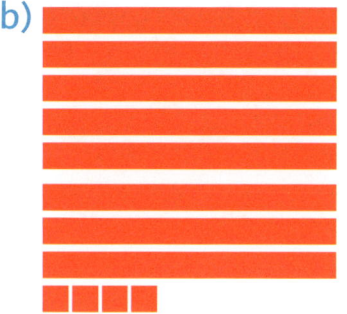

☐ Z + ☐ E = ☐

☐ + ☐ = ☐

c)

☐ Z + ☐ E = ☐

☐ + ☐ = ☐

d)

☐ Z + ☐ E = ☐

☐ + ☐ = ☐

e)

☐ Z + ☐ E = ☐

☐ + ☐ = ☐

f)
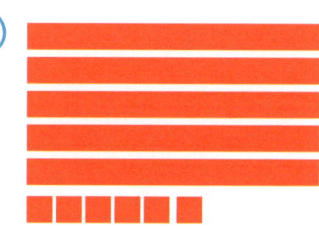

☐ Z + ☐ E = ☐

☐ + ☐ = ☐

② Wie viele sind es?

a)
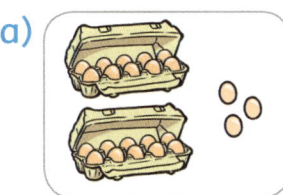 

☐ Z + ☐ E = ☐

☐ + ☐ = ☐

b)

☐ Z + ☐ E = ☐

☐ + ☐ = ☐

c)

☐ Z + ☐ E = ☐

☐ + ☐ = ☐

Name: _____   Datum: _____

Zehner und Einer

1 Wie viele Zehner und Einer sind es?

a) ☐ Z + ☐ E = ☐

b) ☐ Z + ☐ E = ☐
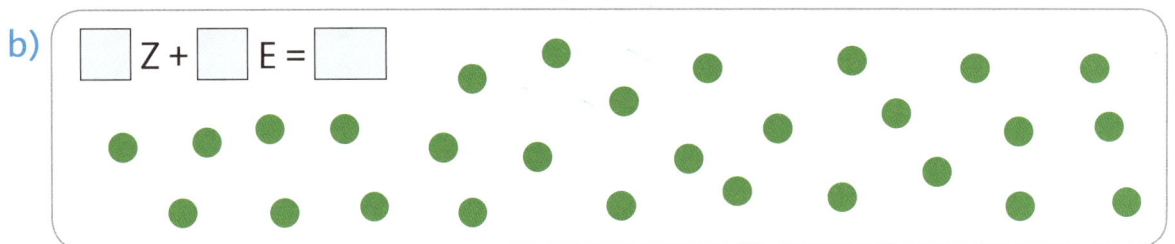

c) ☐ Z + ☐ E = ☐
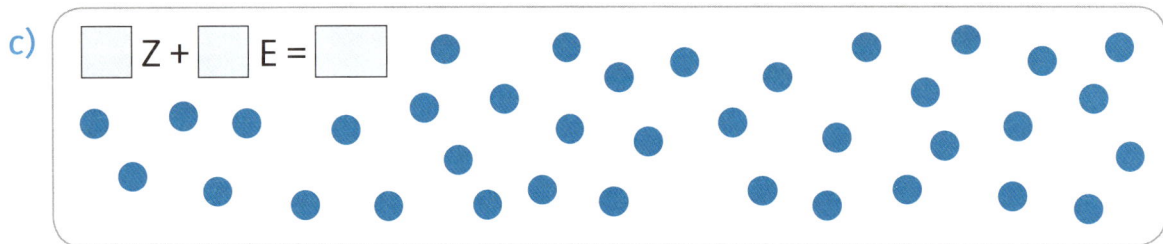

d) ☐ Z + ☐ E = ☐
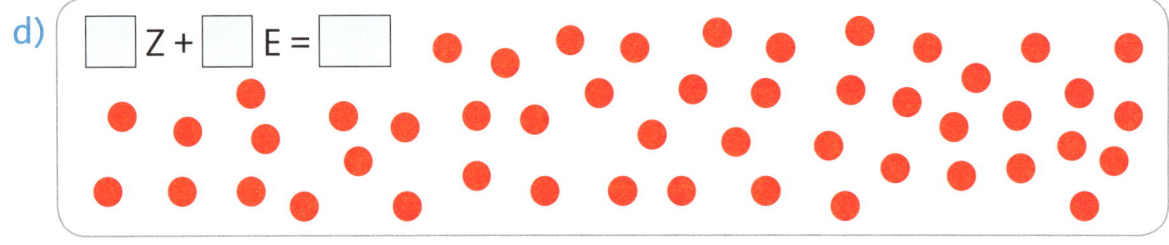

2 Wie heißt die Zahl?

a) 5 Z + 4 E ☐   b) 6 Z + 9 E ☐

c) 8 Z + 1 E ☐   d) 3 Z + 2 E ☐

e) 7 Z + 7 E ☐   f) 2 Z + 3 E ☐

g) 9 Z + 8 E ☐   h) 1 Z + 9 E ☐

i) 10 Z + 0 E ☐   j) 4 Z + 6 E ☐

▶ SB 16

Das Hunderterfeld

① Wie heißt die Zahl?

a)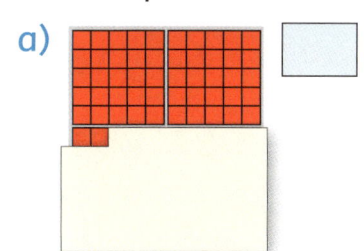

b)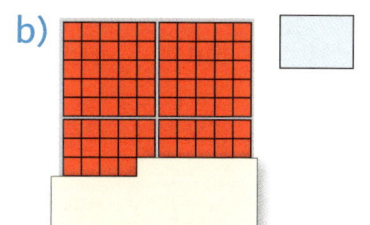

c)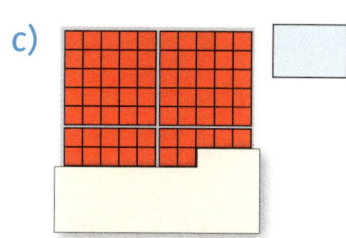

d)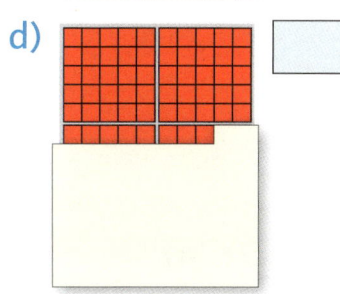

e)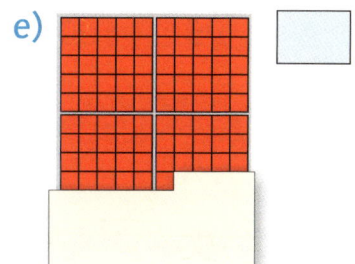

f)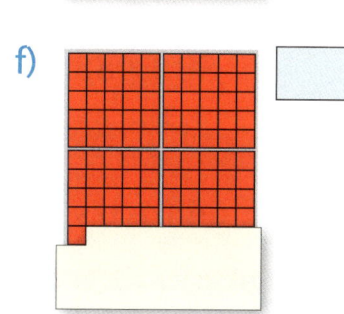

② a)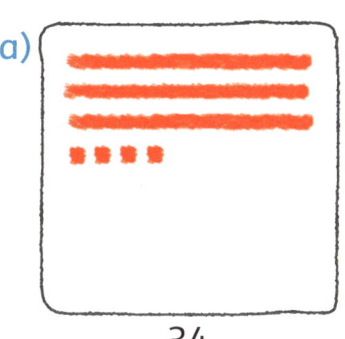
34

b)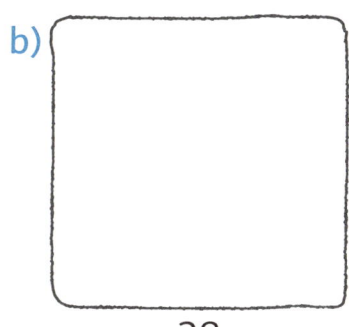
28

c)
75

d)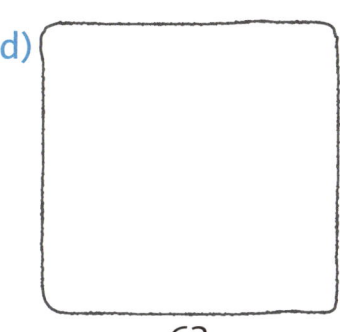
63

e)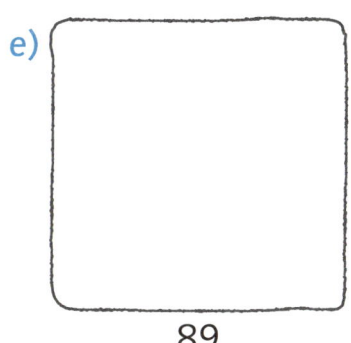
89

f)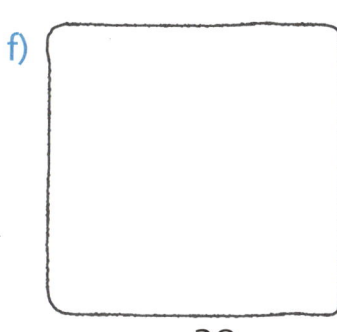
38

g)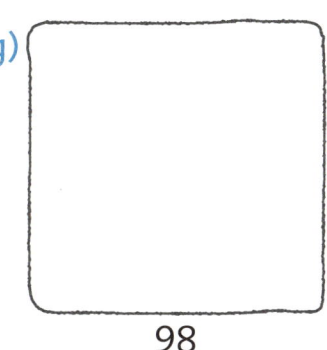
98

h)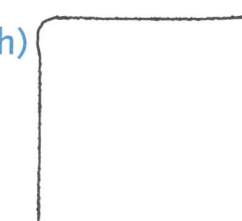
52

i)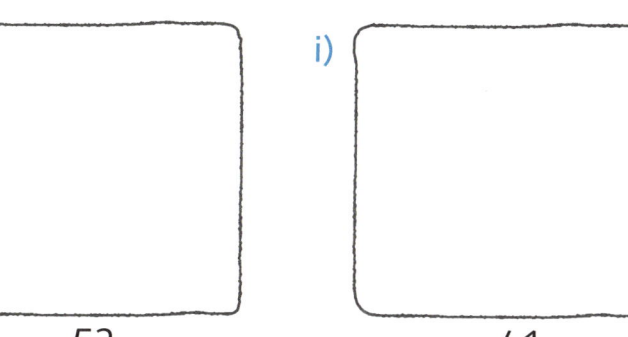
41

▶ SB 19

★

Das Hunderterfeld

① a) 45 ⓵ 81   b) 59 ◯ 27   c) 23 ◯ 63

       32 ◯ 58   93 ◯ 93   74 ◯ 15

       21 ◯ 12   68 ◯ 16   87 ◯ 91

       74 ◯ 99   84 ◯ 70   28 ◯ 16

       88 ◯ 88   95 ◯ 100   61 ◯ 54

② Ergänze bis 100.

a) $30 + 70 = 100$ b) $50 + \boxed{} = 100$ c) $30 + \boxed{} = 100$

     $28 + \boxed{} = 100$ $46 + \boxed{} = 100$ $27 + \boxed{} = 100$

d) $80 + \boxed{} = 100$ e) $90 + \boxed{} = 100$ f) $40 + \boxed{} = 100$

     $73 + \boxed{} = 100$ $82 + \boxed{} = 100$ $32 + \boxed{} = 100$

g) $60 + \boxed{} = 100$ h) $10 + \boxed{} = 100$ i) $70 + \boxed{} = 100$

     $59 + \boxed{} = 100$ $7 + \boxed{} = 100$ $65 + \boxed{} = 100$

j) $70 + \boxed{} = 100$ k) $40 + \boxed{} = 100$ l) $40 + \boxed{} = 100$

     $64 + \boxed{} = 100$ $37 + \boxed{} = 100$ $35 + \boxed{} = 100$

m) $30 + \boxed{} = 100$ n) $50 + \boxed{} = 100$ o) $60 + \boxed{} = 100$

     $22 + \boxed{} = 100$ $43 + \boxed{} = 100$ $59 + \boxed{} = 100$

p) $\boxed{} + \boxed{} = 100$ q) $\boxed{} + \boxed{} = 100$ r) $\boxed{} + \boxed{} = 100$

     $\boxed{} + \boxed{} = 100$ $\boxed{} + \boxed{} = 100$ $\boxed{} + \boxed{} = 100$

s) $\boxed{} + \boxed{} = 100$ t) $\boxed{} + \boxed{} = 100$ u) $\boxed{} + \boxed{} = 100$

     $\boxed{} + \boxed{} = 100$ $\boxed{} + \boxed{} = 100$ $\boxed{} + \boxed{} = 100$

Die Hundertertafel

① Welche Zahlen sind verdeckt?

a)
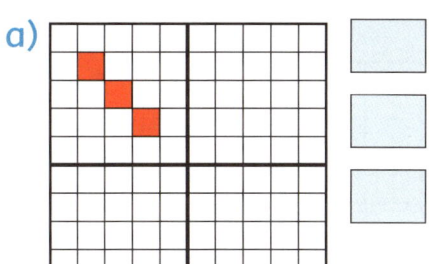

b)
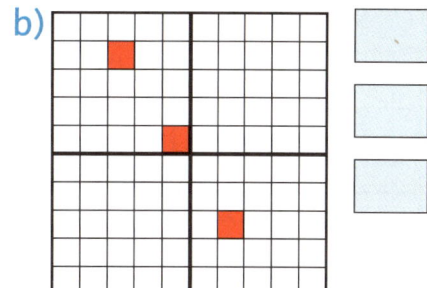

c)
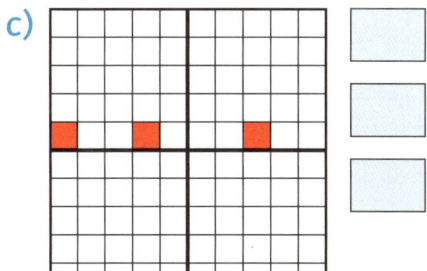

d)
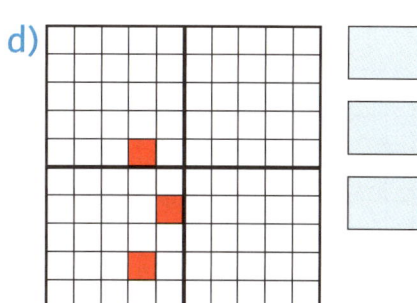

e)
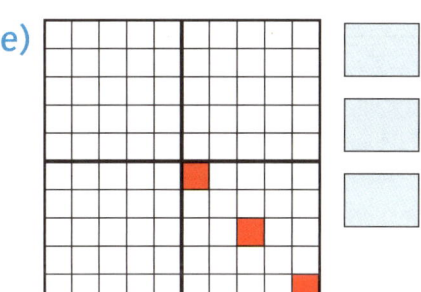

f)
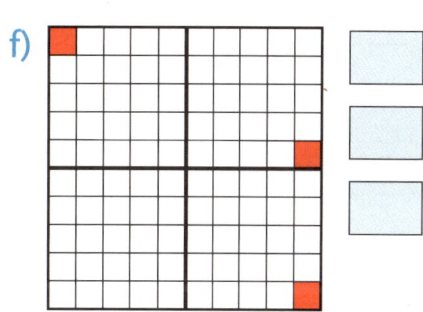

② Zeichne in das Hunderterfeld.

a)
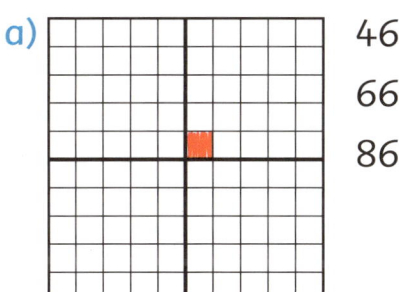
46
66
86

b)
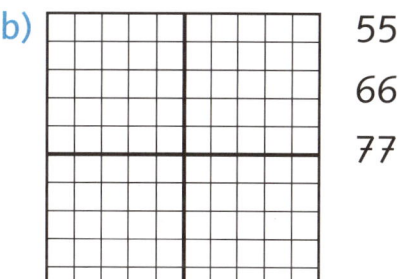
55
66
77

c)
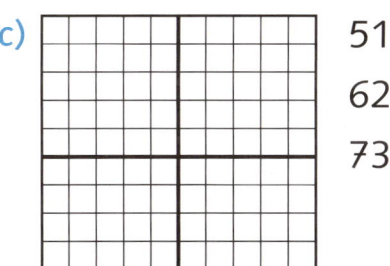
51
62
73

d)
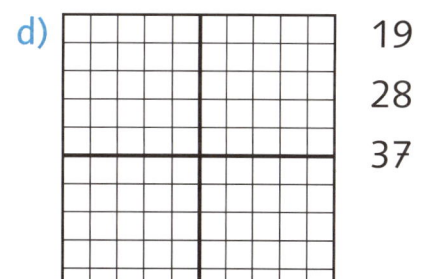
19
28
37

▶ SB 21

Die Hundertertafel

① Zeichne in das Hunderterfeld.
Setze die Reihe fort.

a) 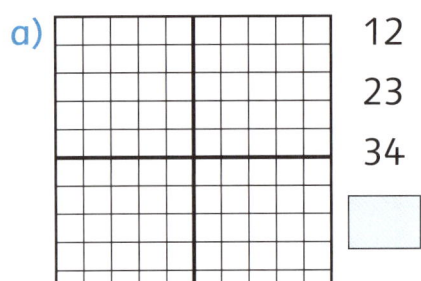 12
23
34
☐

b) 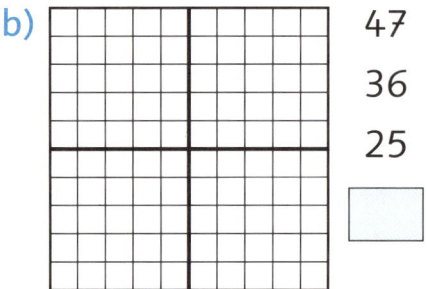 47
36
25
☐

c) 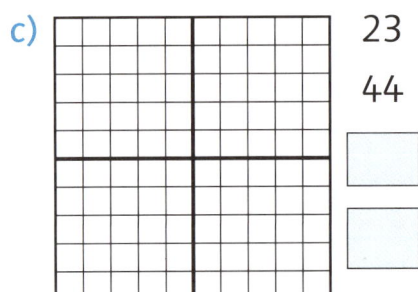 23
44
☐
☐

d) 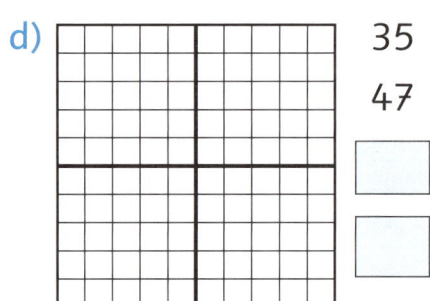 35
47
☐
☐

② a) 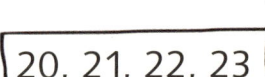 | Die Zahlen stehen alle in einer Zeile.

20, 21, 22, 23   21, 22, 23, 24   58, 59, 60, 61

b) | Die Zahlen haben alle 4 Einer.

40, 41, 42, 43   34, 44, 54, 64   44, 45, 46, 47

c) | 80, 81, 82, 83

Der Einer wird
immer um 1 kleiner.   Der Zehner
bleibt gleich.   Die Zahlen stehen
alle in einer Reihe.

Name: _____ Datum: _____

Zahlen auf dem Zahlenstrahl

① Welche Zahlen sind es?

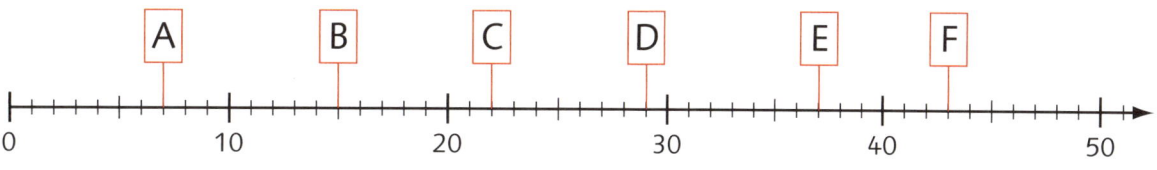

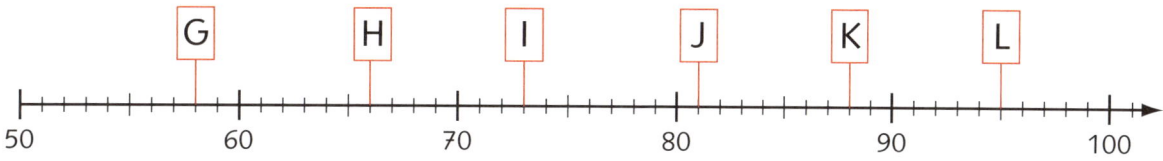

A = 7   B = ☐   C = ☐   D = ☐   E = ☐   F = ☐

G = ☐   H = ☐   I = ☐   J = ☐   K = ☐   L = ☐

② a)
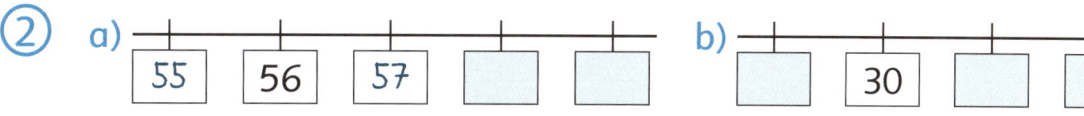
| 55 | 56 | 57 | ☐ | ☐ |

b) | ☐ | 30 | ☐ | ☐ | ☐ |

c) | ☐ | ☐ | 78 | ☐ | ☐ |

d) | ☐ | ☐ | 89 | ☐ | ☐ |

e) | ☐ | ☐ | 21 | ☐ | ☐ |

f) | ☐ | ☐ | ☐ | 90 | ☐ |

g) | ☐ | ☐ | 97 | ☐ | ☐ |

h) | ☐ | ☐ | 71 | ☐ | ☐ |

i) | 11 | ☐ | ☐ | ☐ | ☐ |

j) | ☐ | ☐ | ☐ | 4 | ☐ |

k) | ☐ | ☐ | ☐ | ☐ | 43 |

l) | ☐ | 27 | ☐ | ☐ | ☐ |

m) | ☐ | ☐ | ☐ | 12 | ☐ |

n) | ☐ | ☐ | 35 | ☐ | ☐ |

► SB 22

Zahlen auf dem Zahlenstrahl

① a)

b)

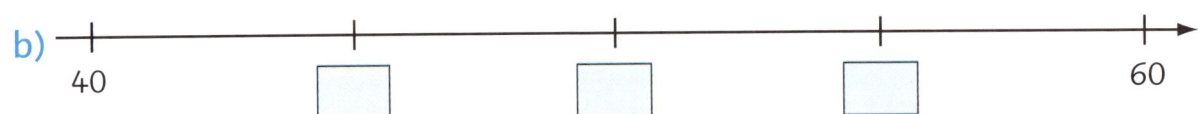

c)

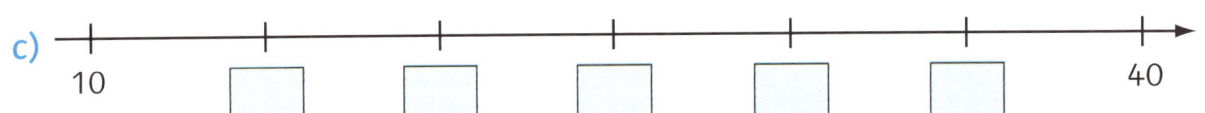

d)

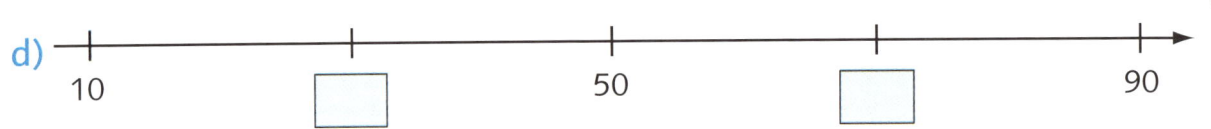

② a)

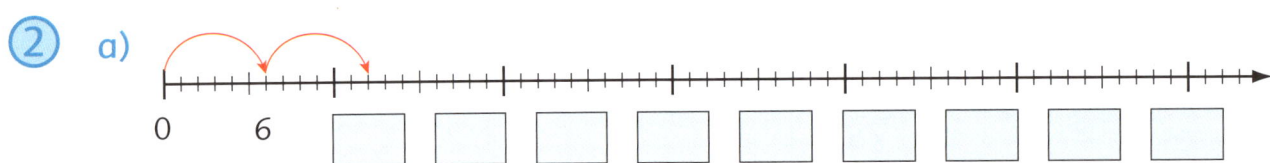

b)

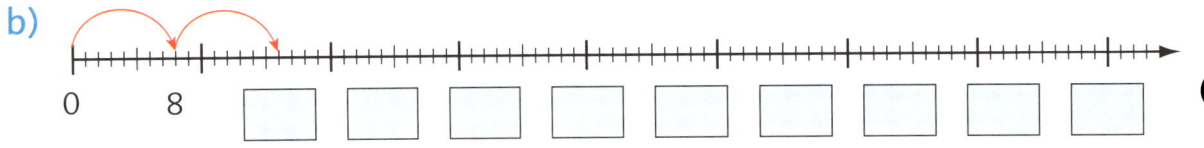

c)

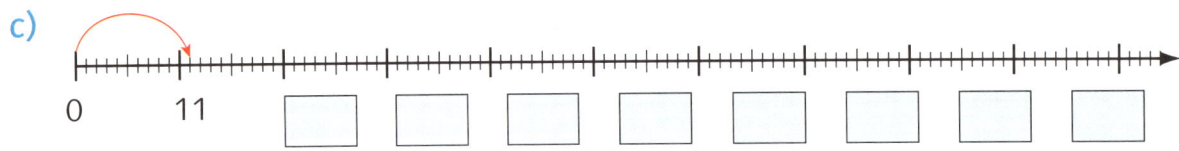

③ a) 0, 3, 6, _____

     b) 0, 4, 8, _____

     c) 0, 7, _____

Zahlenstrahl: Nachbarzehner

① Wie heißt der große Nachbarzehner?

a) 50   54   [60]

b) 80   87   [ ]

c) 20   23   [ ]

d) 40   49   [ ]

e) 90 92   [ ]

f) 70   75   [ ]

g) 10   16   [ ]

h) 30   33   [ ]

i) 60 62   [ ]

② Wie heißt der kleine Nachbarzehner?

a) [20]   28 30

b) [ ]   43   50

c) [ ]   66   70

d) [ ]   89 90

e) [ ] 52   60

f) [ ]   77   80

g) [ ]   18 20

h) [ ] 84   90

i) [ ]   38   40

③ Wie heißen die beiden Nachbarzehner?

a) [ ] 25 [ ]

b) [ ] 57 [ ]

c) [ ] 86 [ ]

d) [ ] 34 [ ]

e) [ ] 68[ ]

f) [ ] 73 [ ]

g) [ ]21 [ ]

h) [ ] 79 [ ]

i) [ ] 54 [ ]

▶ SB 23

Zahlenstrahl: Nachbarzehner

1 Springe vor zum großen Nachbarzehner.

a)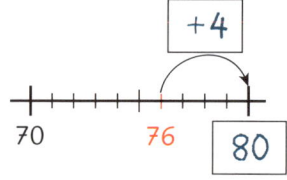
70   76   80

b)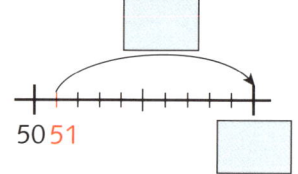
50 51

c)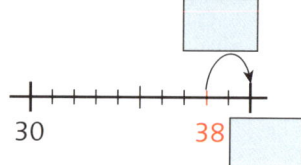
30   38

d)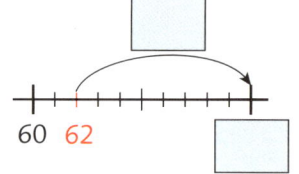
60   62

e)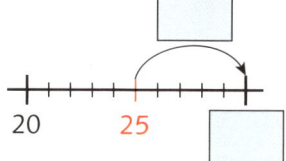
20   25

f)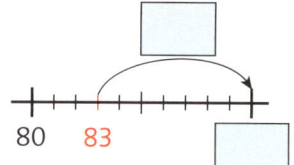
80   83

2 Springe zurück zum kleinen Nachbarzehner.

a)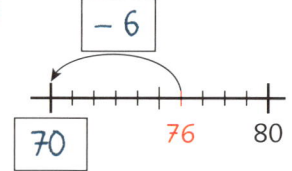
70   76   80

b)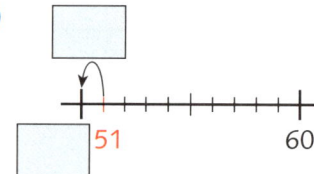
51   60

c)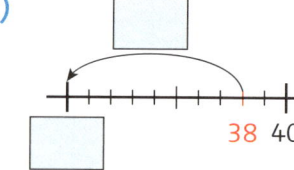
38 40

d)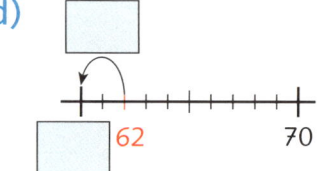
62   70

e)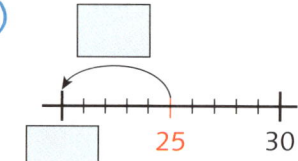
25   30

f)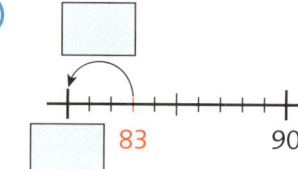
83   90

3 Springe zum Zehner.

a) $49 + 1 = 50$

$32 - \square = 30$

$63 + \square \ \square$

$24 - \square = \square$

$13 - \square = \square$

b) $28 + \square = \square$

$22 + \square = \square$

$55 - \square \ \square$

$41 + \square = \square$

$79 - \square = \square$

c) $61 - \square = \square$

$19 + \square = \square$

$84 - \square \ \square$

$56 + \square = \square$

$37 + \square = \square$

★★

Name: _____   Datum: _____

Formen

① Male die Formen nach. △ ☐ ☐

② Ordne die Formen. ▲ ■ ■
Male sie in der richtigen Farbe an.

| Ich habe 3 Ecken.
Ich habe 3 Seiten.

Ich heiße:

_____ | Ich habe 4 Ecken.
Ich habe 4 gleich
lange Seiten.
Ich heiße:

_____ | Ich habe 4 Ecken.
Ich habe immer
2 gleich lange Seiten.
Ich heiße:

_____ |

Formen

1 Male die Formen nach.
Male Dreiecke rot. Male Quadrate blau.
Male Rechtecke gelb.

2 Welche Antwort ist richtig?
Kreuze an.

a) | Ich habe 3 Ecken. |
☐ das Dreieck
☐ das Quadrat
☐ das Rechteck

b) | Ich habe 4 Ecken. |
☐ das Dreieck
☐ das Quadrat
☐ das Rechteck

c) | Ich habe 4 gleich lange Seiten. |
☐ das Dreieck
☐ das Quadrat
☐ das Rechteck

d) | Ich habe immer 2 gleich lange Seiten. |
☐ das Dreieck
☐ das Quadrat
☐ das Rechteck

 Vergleiche dein Ergebnis mit einem Partner.

Name: _____   Datum: _____

Zeichenuhr

① Male das Muster aus.

a)

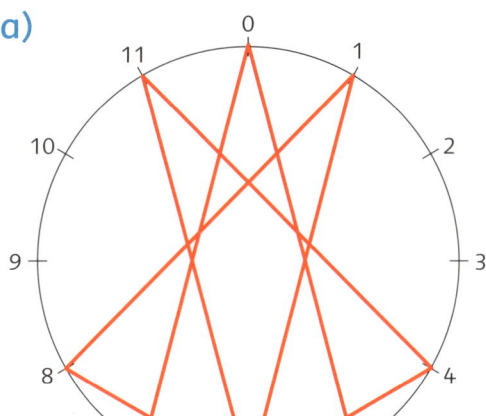

b)

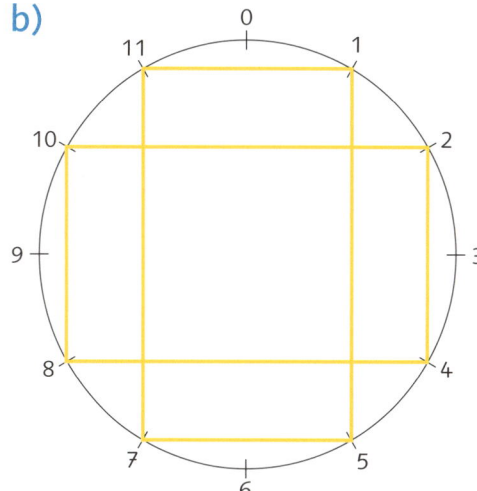

c)

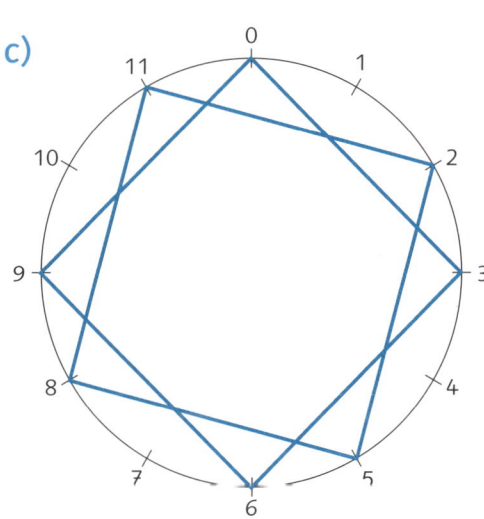

d)

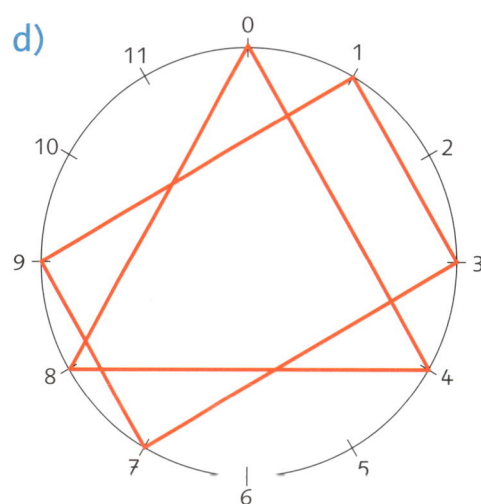

② Male eigene Muster.

a) mit Quadraten

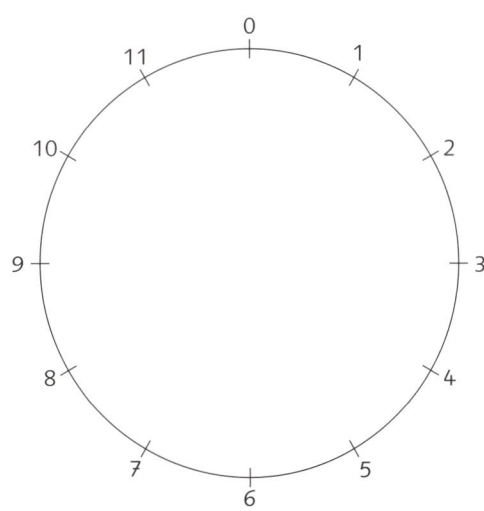

b) mit Dreiecken

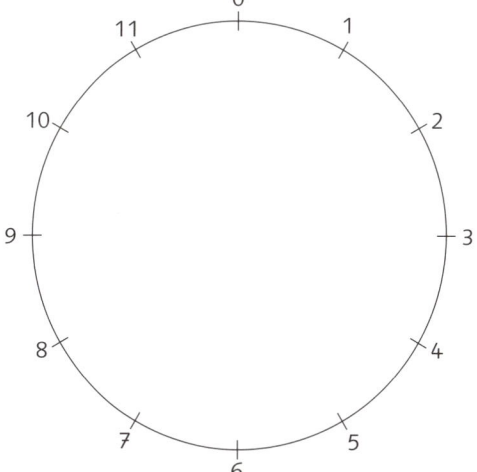

Zeichenuhr

1 Male das Muster an. Vergleiche die Zeichenuhren.
Was entdeckst du?

a)

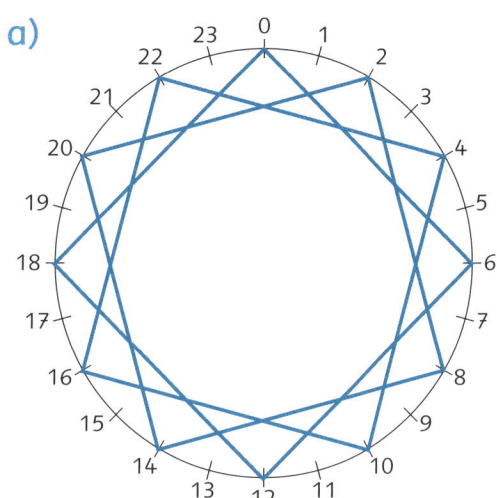

b)

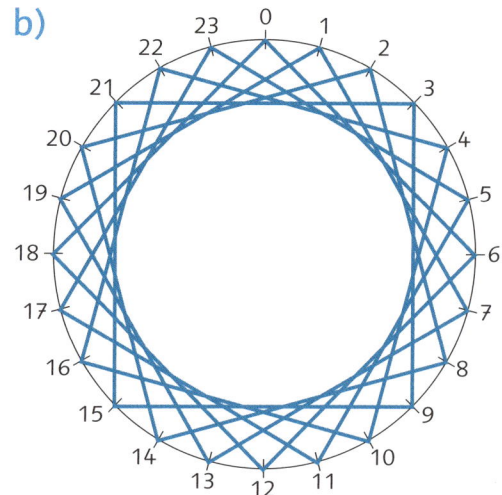

2 Male eigene Muster.

a) mit Dreiecken

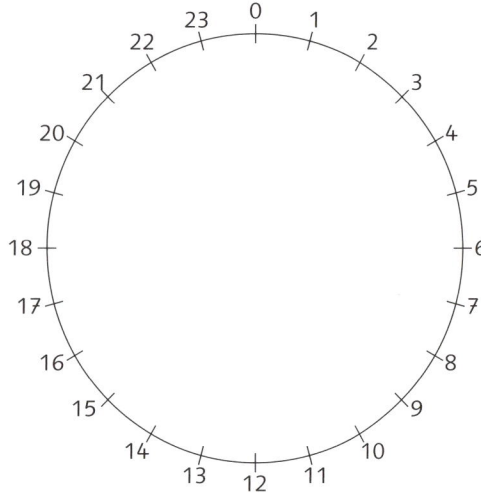

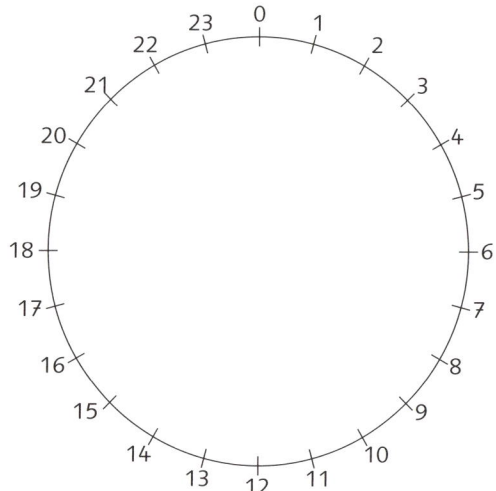

b) mit Rechtecken

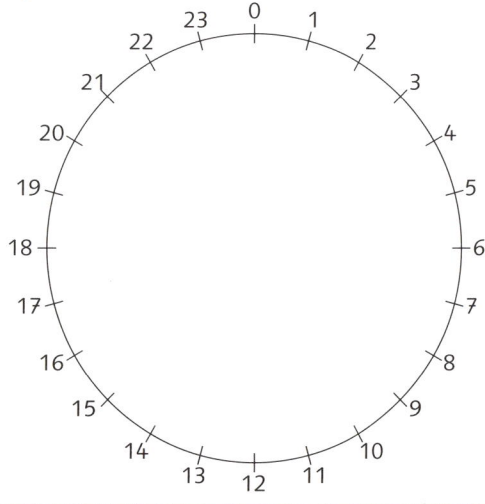

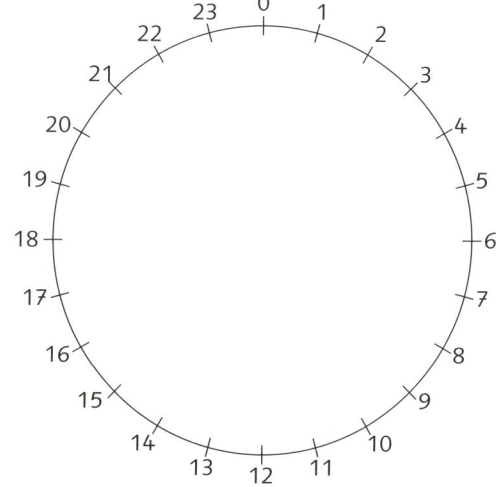

Muster

① Male das Muster weiter.

a)

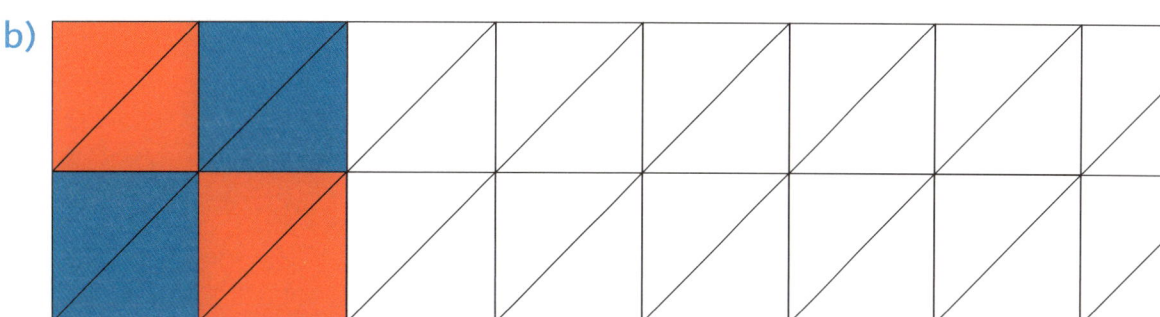

b)

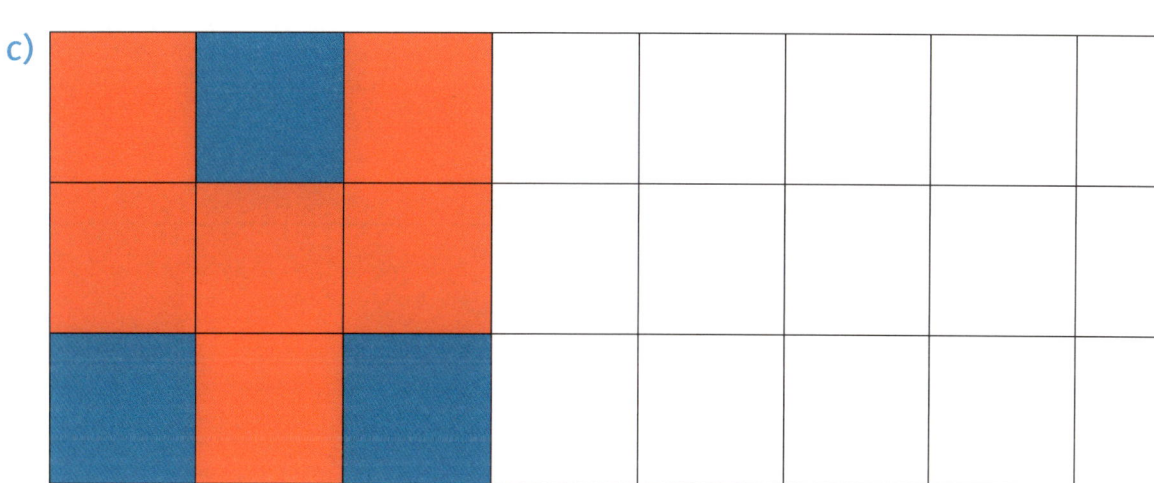

c)

② Male das Muster weiter.

a)

b)

c)

d)

Muster

① Male das Muster weiter.

a)

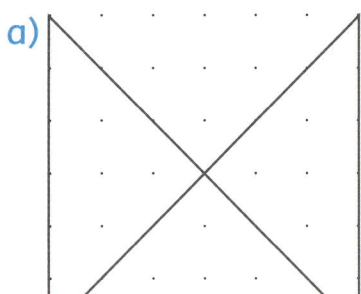

b)

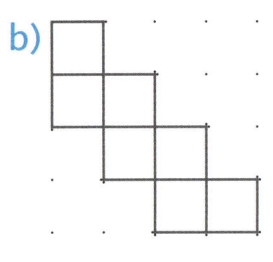

② Male eigene Muster.

a) mit Dreiecken

b) mit Rechtecken

Muster

Name: Datum:

Rechnen mit Einern oder Zehnern

① Schreibe die Aufgabe.

a)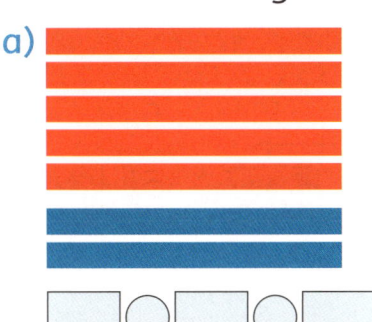

b)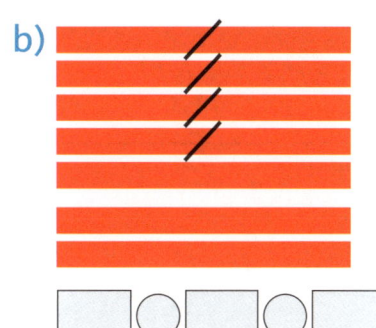

c)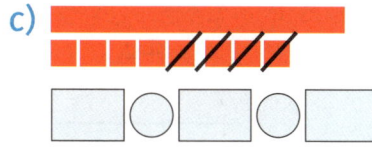

d)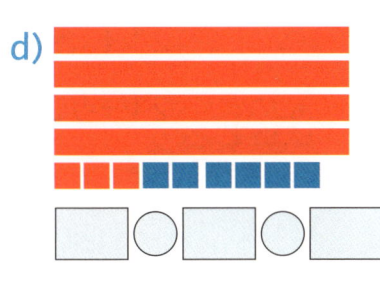

e)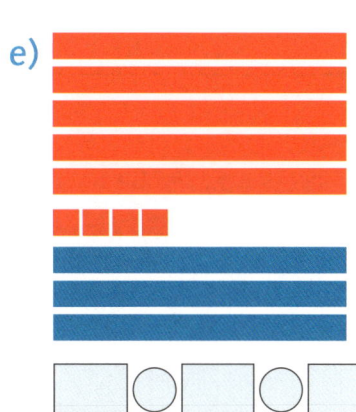

f)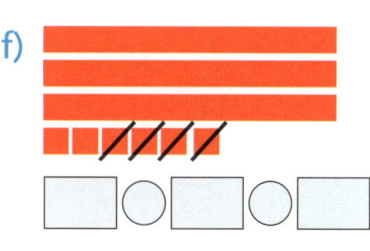

---

② Zeichne das Bild.
Rechne die Aufgabe.

a)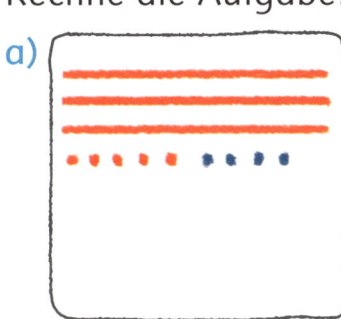

35 + 4 = ☐

b)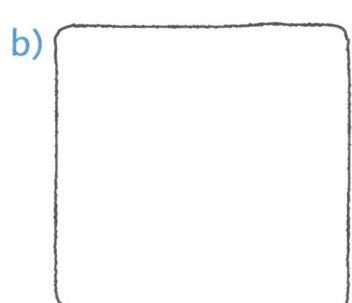

57 + 20 = ☐

c)

44 + 3 = ☐

d)

63 − 40 = ☐

e)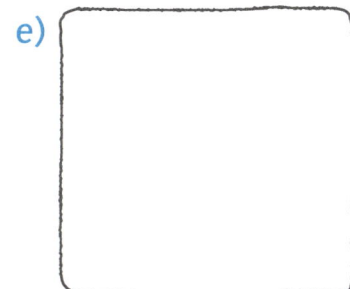

78 − 5 = ☐

f)

74 − 50 = ☐

Rechnen mit Einern oder Zehnern

1 a)

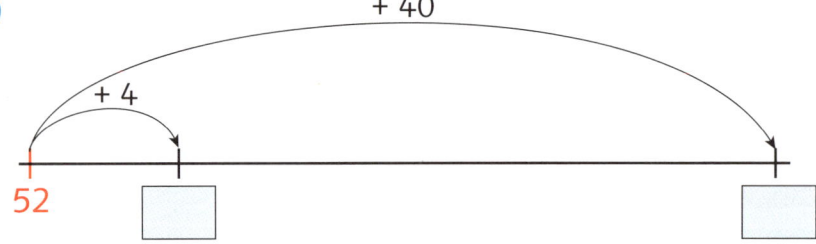

52 + 4 =

52 + 40 =

b)

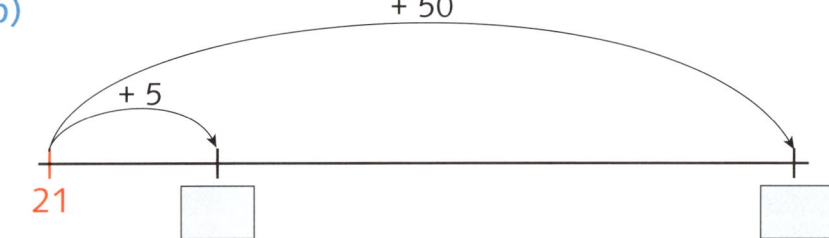

21 + 5 =

21 + 50 =

●

c)

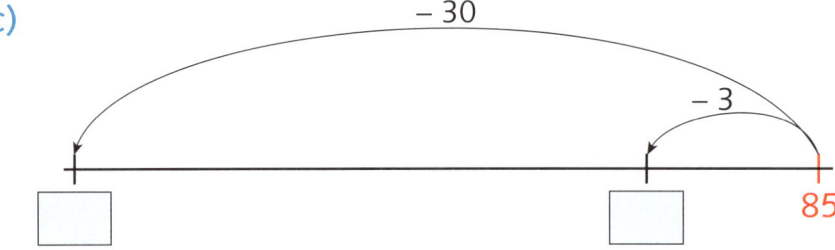

85 − 3 =

85 − 30 =

d)

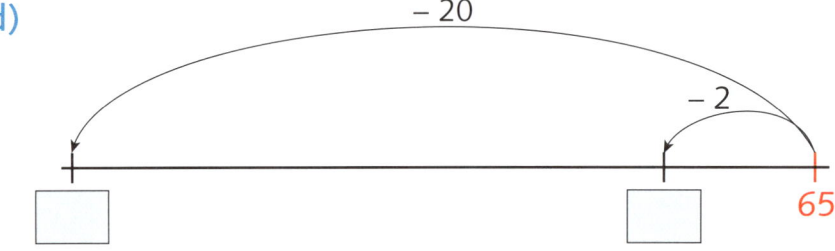

65 − 2 =

65 − 20 =

●

2 a)

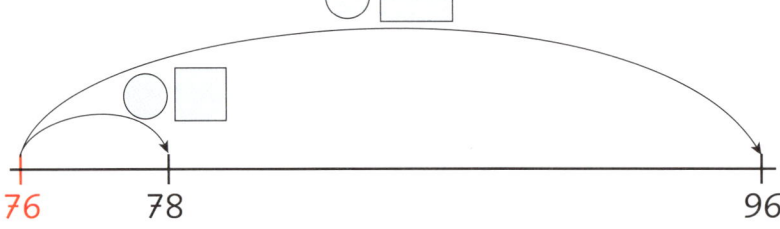

76 ◯ ☐ = 78

76 ◯ ☐ = 96

b)

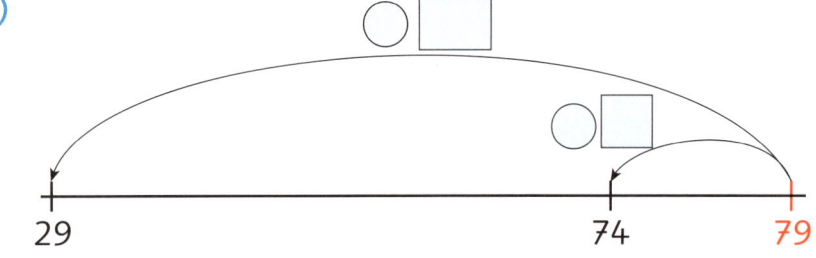

79 ◯ ☐ = 74

79 ◯ ☐ = 29

Rechnen mit gemischten Zehnerzahlen

① Schreibe die Aufgabe.

a)
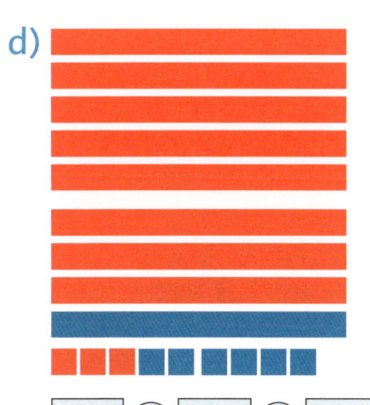

b)
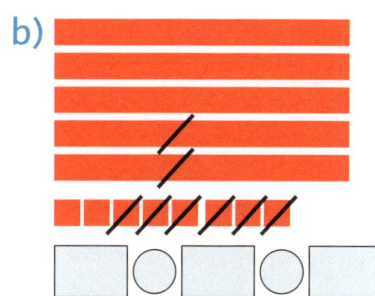

c)
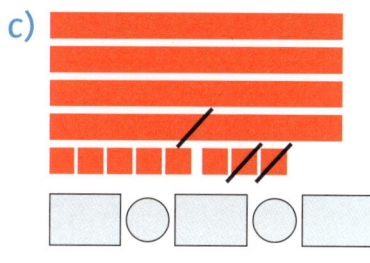

d)
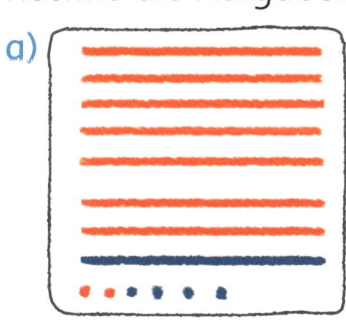

e)
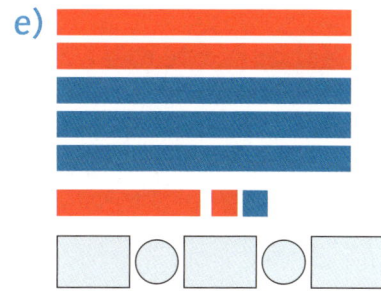

f)
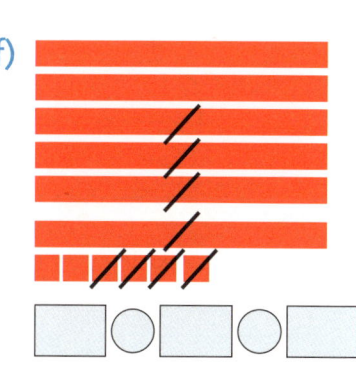

---

② Zeichne das Bild.
Rechne die Aufgabe.

a)

72 + 14 = ☐

b)

47 + 21 = ☐

c)

56 + 33 = ☐

d)

63 – 42 = ☐

e)

48 – 24 = ☐

f)

73 – 51 = ☐

Rechnen mit gemischten Zehnerzahlen

① a)

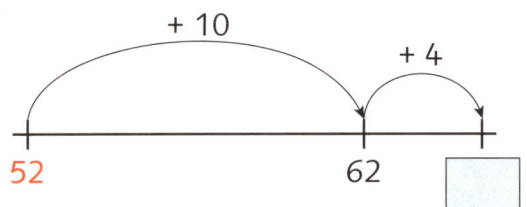

$52 + 14 = \boxed{}$

b)

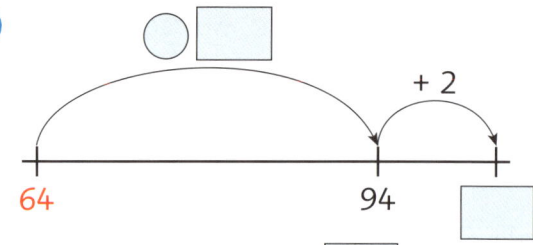

$64 + 32 = \boxed{}$

c)

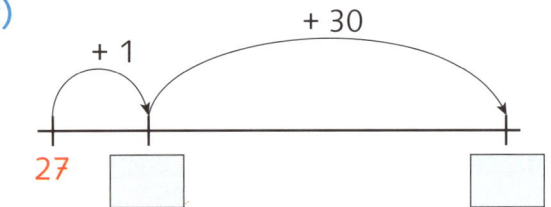

$27 + 31 = \boxed{}$

d)

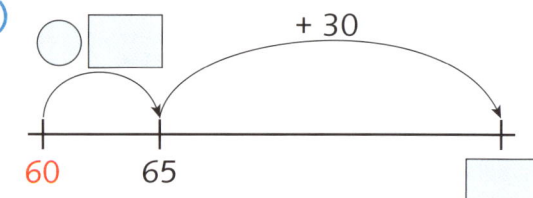

$60 + 35 = \boxed{}$

e)

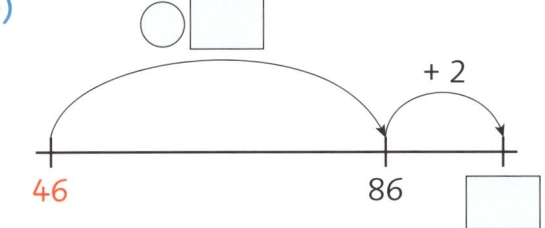

$46 + 42 = \boxed{}$

f)

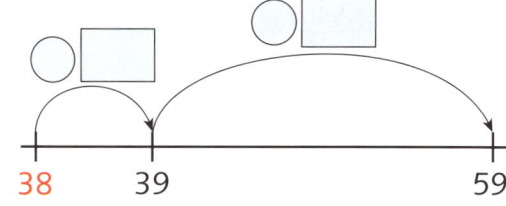

$38 + 21 = \boxed{}$

② a)

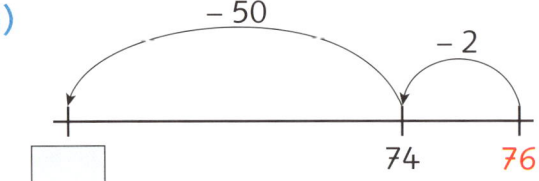

$76 - 52 = \boxed{}$

b)

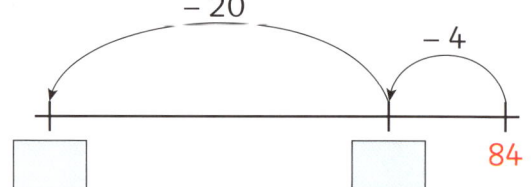

$84 - 24 = \boxed{}$

c)

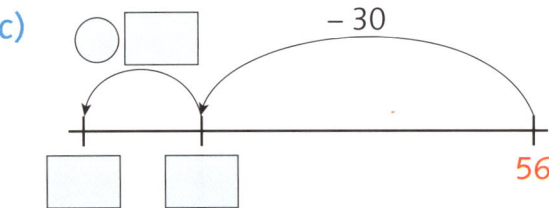

$56 - 32 = \boxed{}$

d)

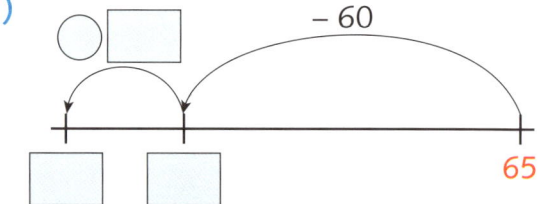

$65 - 61 = \boxed{}$

Entdeckerpäckchen

① Rechne die Entdeckerpäckchen.

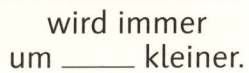

a) 89 – 20 = ☐   b) 62 – 41 = ☐ | die 1. Zahl |

89 – 22 = ☐   63 – 41 = ☐ | die 2. Zahl |

89 – 24 = ☐   64 – 41 = ☐

89 – 26 = ☐   65 – 41 = ☐ | das Ergebnis |

89 – 28 = ☐   66 – 41 = ☐

●

| wird immer um ___ kleiner. | | bleibt immer gleich. | | wird immer um ___ größer. |

② 55 – 33 = ☐   Die erste Zahl _____

56 – 34 = ☐   _____ .

57 – 35 = ☐   Die zweite Zahl _____

58 – 36 = ☐   _____ .

59 – 37 = ☐   Das Ergebnis _____

_____ .

●

| wird immer um ___ kleiner. | | bleibt immer gleich. | | wird immer um ___ größer. |

③ 31 – 10 = ☐   Die erste Zahl _____

33 – 12 = ☐   _____ .

35 – 14 = ☐   Die zweite Zahl _____

37 – 16 = ☐   _____ .

39 – 18 = ☐   Das Ergebnis _____

_____ .

Entdeckerpäckchen

bleibt immer gleich.	wird immer um ____ größer.	wird immer um ____ kleiner.

①

89 − 75 = ☐

89 − 65 = ☐

89 − 55 = ☐

☐ − ☐ = ☐

☐ − ☐ = ☐

☐ − ☐ = ☐

Die erste Zahl _____

_____.

Die zweite Zahl _____

_____.

Das Ergebnis _____

_____.

●

②

41 − 20 = ☐

43 − 22 = ☐

45 − 24 = ☐

☐ − ☐ = ☐

☐ − ☐ = ☐

☐ − ☐ = ☐

Wenn die erste Zahl immer

um ____ größer wird und wenn die zweite Zahl

immer um ____ größer wird, dann _____

_____

_____.

●

③

☐ − ☐ = ☐

☐ − ☐ = ☐

☐ − ☐ = ☐

☐ − ☐ = ☐

☐ − ☐ = ☐

☐ − ☐ = ☐

Wenn die erste Zahl immer

_____ und

wenn die zweite Zahl immer

_____ , dann

_____.

► SB 39

Rechenmauern

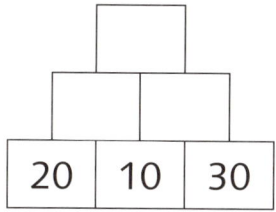
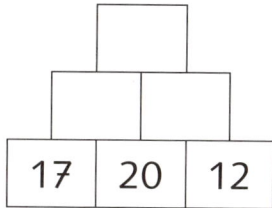
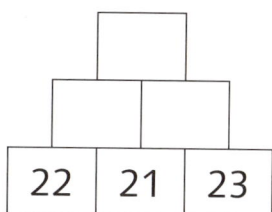

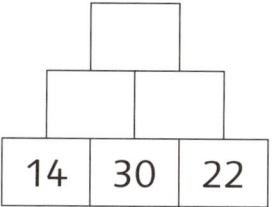
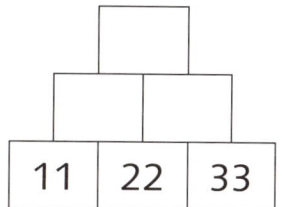
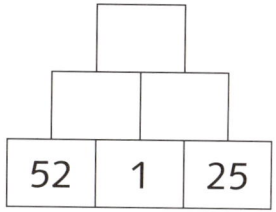

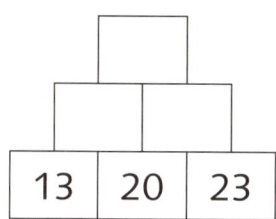
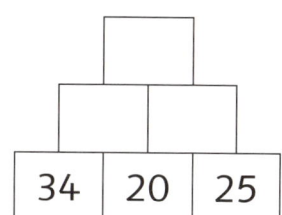
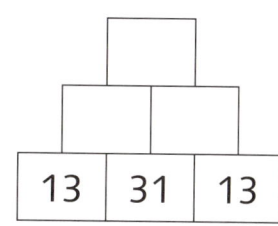

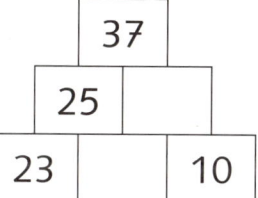
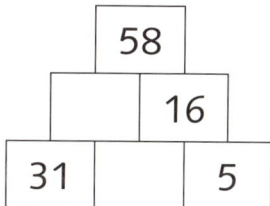
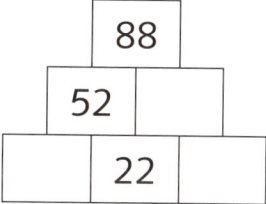

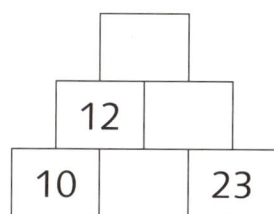
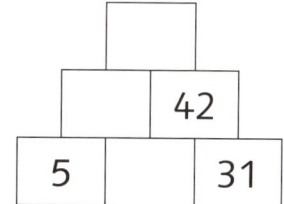
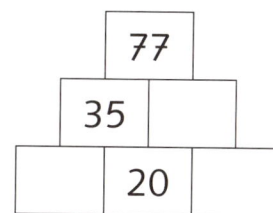

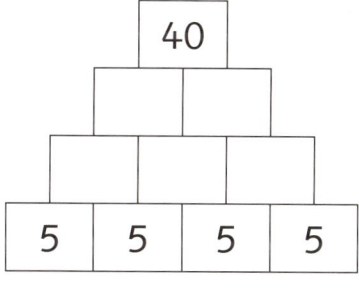
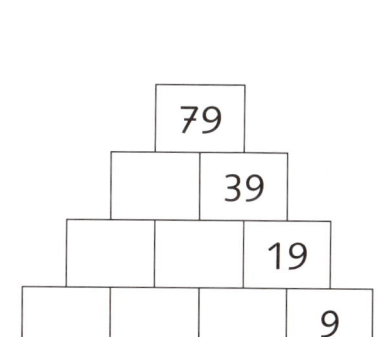
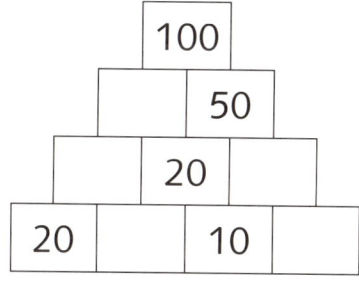

Rechenmauern

1

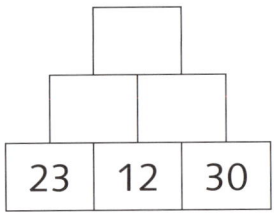
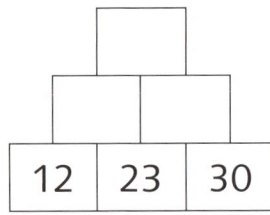
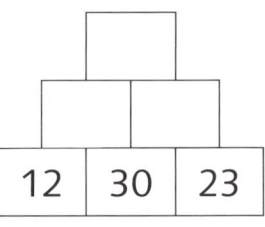

23	12	30
12	23	30
12	30	23

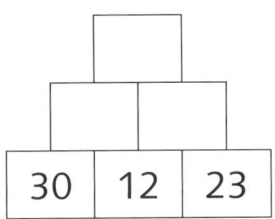
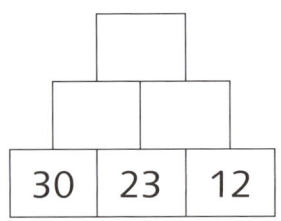
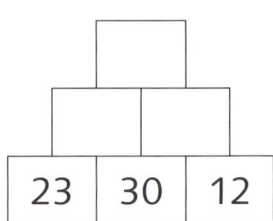

30	12	23
30	23	12
23	30	12

Vergleiche die Rechenmauern.
Was entdeckst du? Beschreibe und erkläre.

_____

_____

_____

2 Lege zwei verschiedene Rechenmauern mit den Karten.

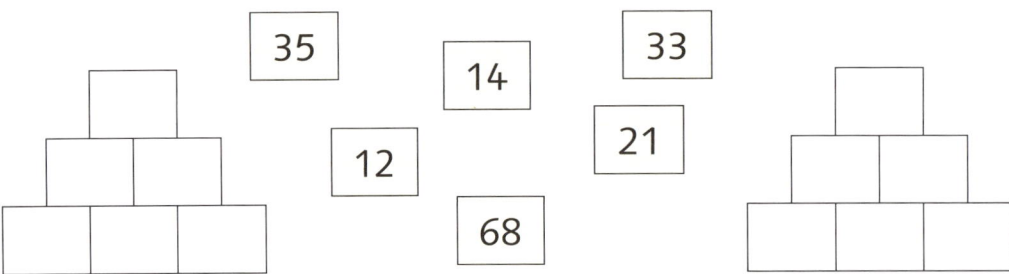

35   14   33
12   21
68

3 Lege die Rechenmauern.
Du darfst jede Karte nur einmal benutzen.

~~89~~   79   46   44   21   21   12
43   25   35   22   23

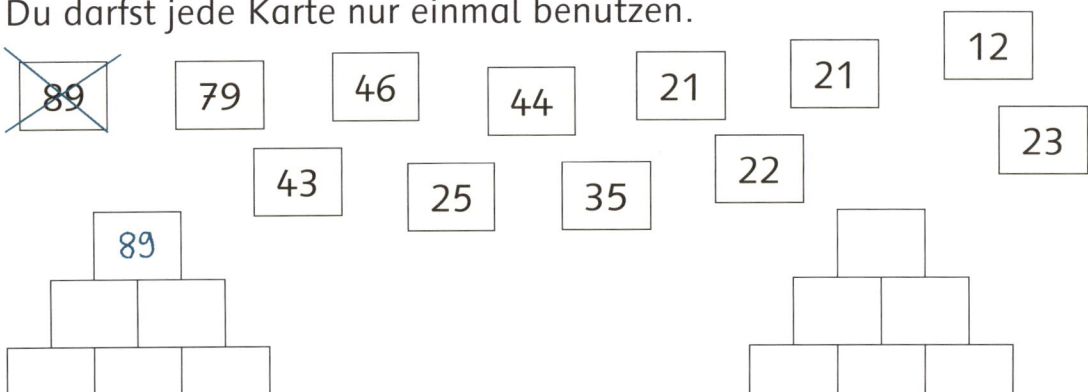

89

Name: Datum:

Zahlenmuster

① (0) (10) (20) (   ) (   ) (50) (   ) (   ) (   ) (   ) (100)

(100) (90) (80) (   ) (   ) (50) (   ) (   ) (   ) (   ) (0)

② (0) (5) (10) (   ) (   ) (   ) (30) (   ) (   ) (   ) (50)

(100) (95) (90) (   ) (   ) (   ) (70) (   ) (   ) (   ) (50)

③ (0) (2) (4) (   ) (   ) (   ) (   ) (   ) (   ) (   ) (20)

(50) (52) (54) (   ) (   ) (   ) (   ) (   ) (   ) (   ) (70)

④ (99) (97) (95) (   ) (   ) (   ) (87) (   ) (   ) (   ) (79)

(100) (96) (92) (   ) (   ) (80) (   ) (   ) (   ) (60)

⑤ (1) (3) (5) (   ) (   ) (11) (   ) (   ) (   ) (   ) (21)

(88) (85) (82) (   ) (   ) (   ) (70) (   ) (   ) (   ) (58)

Zahlenmuster

1

(1) (10) (2) (10) (3) ( ) ( ) (10) ( ) ( ) (6)

(100) (1) (99) (2) (98) ( ) ( ) (4) ( ) ( ) (95)

2

(0) (100) (5) (95) ( ) ( ) ( ) (85) ( ) ( ) (25)

(1) (2) (1) (2) (3) ( ) ( ) ( ) (4) ( ) (2)

●

3

(1) (11) (2) (22) (3) ( ) ( ) (44) ( ) ( ) (6)

(10) (0) (9) (1) ( ) (2) ( ) ( ) ( ) (5)

●

4

(1) (4) (7) (10) ( ) ( ) (19) ( ) ( ) ( ) (31)

(100) (99) (97) (94) (90) ( ) ( ) (72) ( ) (45)

5

(1) (3) (2) (4) (3) ( ) (4) ( ) ( ) ( ) (6)

(0) (1) (1) (2) (3) (5) ( ) (13) ( ) ( ) (55)

Kombinatorik

① Die Kinder möchten Geschenke einpacken.
Sie wählen ein Papier und eine Schleife.

a) Vermute. Wie viele Kombinationen gibt es? _____

b) Wie viele Kombinationen findest du? Male oder schreibe.

 c) Vergleiche mit einem Partner.

d) Schreibe in die Tabelle.
Finde alle Kombinationen.

e) Wie viele Kombinationen

sind es? _____

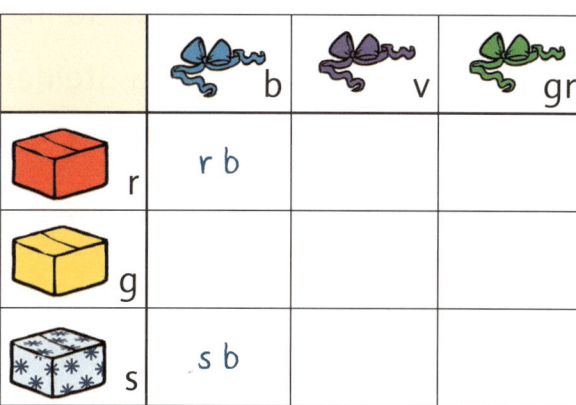

	b	v	gr
r	r b		
g			
s	s b		

---

② Frau Koch bringt neues Papier:

a) Vermute. Wie viele Kombinationen gibt es? _____

b) Schreibe in die Tabelle.

c) Wie viele Kombinationen

sind es? _____

	b	v	gr
r			
g			
s			
o			

Kombinatorik

① Du hast rote und blaue Steine.

a) Baue Türme mit drei Steinen.

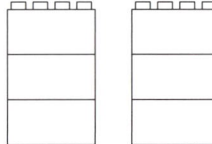 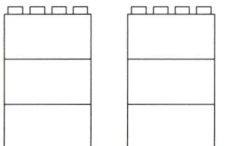 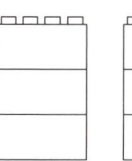 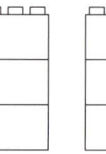 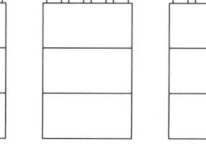

b) Wie viele Kombinationen gibt es? _____

c) Hast du alle Kombinationen gefunden? Begründe.

_____

② Du hast rote und blaue Steine.

a) Baue Türme mit vier Steinen.

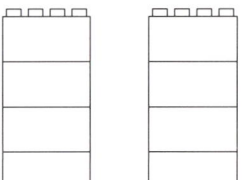 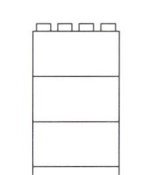 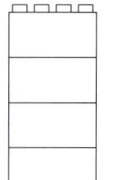 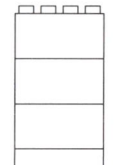 

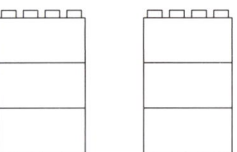 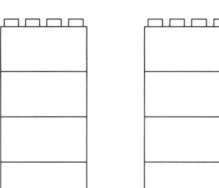 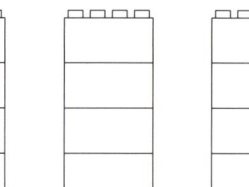

 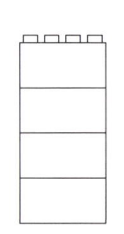 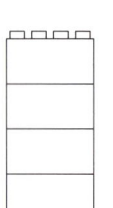 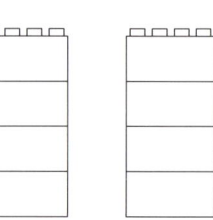

b) Kombinationen mit 4 roten Steinen: _____

Kombinationen mit 3 roten Steinen: _____

Kombinationen mit 2 roten Steinen: _____

Kombinationen mit 1 roten Stein: _____

Kombinationen mit 0 roten Steinen: _____

c) Wie viele Kombinationen gibt es insgesamt? _____

►SB 42

Daten und Häufigkeit

Heute regnet es. Was möchten die Kinder lieber machen?
Fußball spielen oder lesen?

① Lies genau und trage in die Tabelle, die Strichliste und
in das Diagramm ein.

a) Dilara spielt Fußball.
b) Emira liest.

c) Matteo liest auch.
d) Milan spielt Fußball.

e) Momo liest.
f) Natalia und Umut lesen zusammen.

g) Timo spiel Fußball.
h) Frau Koch geht spazieren.

Tabelle

Dilara	
Emira	
Matteo	
Milan	
Momo	
Natalia	
Umut	
Timo	

Strichliste

Fußball spielen	
lesen	

Diagramm

11
10
9
8
7
6
5
4
3
2
1
0

Fußball   lesen
spielen

②   Wo hast du nachgesehen?

	in der Tabelle	in der Strichliste	im Diagramm
a) Wie viele Kinder spielen Fußball?			
b) Wie viele Kinder lesen?			
c) Spielen mehr Kinder Fußball oder lesen mehr?			
d) Was möchtest du tun?			

► SB 44/45

Daten und Häufigkeit

Jetzt scheint die Sonne. Die Kinder entscheiden neu.
Was möchten sie machen? Fußball spielen, baden oder lesen?

1 Lies genau und trage in die Tabelle, die Strichliste und
in das Diagramm ein.

a) Dilara badet.   b) Emira badet auch.

c) Matteo liest nicht und   d) Milan und Momo
   spielt auch nicht Fußball.   spielen Fußball.

e) Natalia und Umut baden.   f) Was macht Timo?

Tabelle

Dilara	
Emira	
Matteo	
Milan	
Momo	
Natalia	
Umut	
	Fußball spielen

Strichliste

Fußball spielen	
lesen	
baden	

Diagramm

11
10
9
8
7
6
5
4
3
2
1
0
Fußball   lesen   baden
spielen

2 Richtig oder falsch?   Wo hast du nachgesehen?

		in der Tabelle	in der Strichliste	im Diagramm	Richtig	falsch
a) Wie viele Kinder spielen Fußball?	3		X	x	☐	☐
b) Wie viele Kinder lesen?	1	X			☐	☐
c) Wie viele Kinder baden?	5		X	X	☐	☐
d) Spielen mehr Kinder Fußball oder lesen mehr?	lesen	X			☐	☐

Wahrscheinlichkeit

① Setze ein: sicher , möglich , unmöglich .

a)

Es ist _____, dass ▭ gewinnt.

Es ist _____, dass ▭ gewinnt.

Es ist _____, dass ▭ gewinnt.

b)

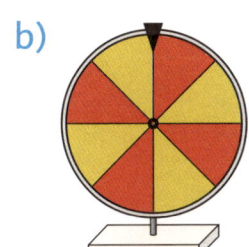

Es ist _____, dass ▭ gewinnt.

Es ist _____, dass ▭ gewinnt.

Es ist _____, dass ▭ gewinnt.

c)

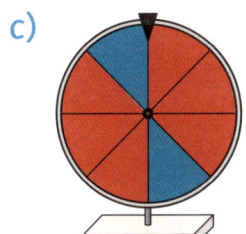

Es ist _____, dass ▭ gewinnt.

Es ist _____, dass ▭ gewinnt.

Es ist _____, dass ▭ gewinnt.

② Verbinde.

Es ist möglich, dass ▭ gewinnt.

Es ist unmöglich, dass ▭ gewinnt.

Es ist möglich, dass ▭ gewinnt.

Es ist sicher, dass ▭ gewinnt.

Es ist unmöglich, dass ▭ gewinnt.

Es ist möglich, dass ▭ gewinnt.

Es ist möglich, dass ▭ gewinnt.

Es ist möglich, dass ▭ gewinnt.

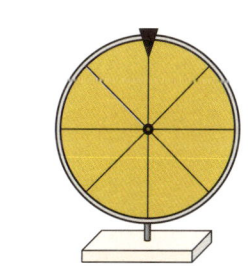

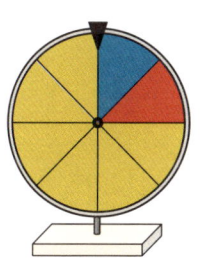

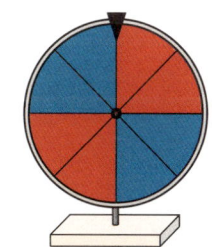

Wahrscheinlichkeit

1   Male an.

a) Es ist möglich, dass 🟥 gewinnt.

Es ist möglich, dass 🟨 gewinnt.

Es ist unmöglich, dass 🟦 gewinnt.

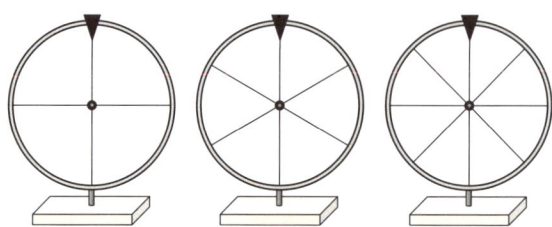

b) Es ist möglich, dass 🟥 gewinnt.

Es ist möglich, dass 🟨 gewinnt.

Es ist möglich, dass 🟦 gewinnt.

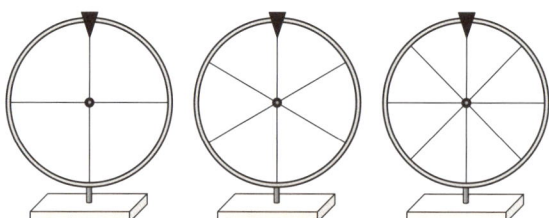

c) Es ist möglich, dass 🟥 gewinnt.

Es ist unmöglich, dass 🟨 gewinnt.

Es ist möglich, dass 🟦 gewinnt.

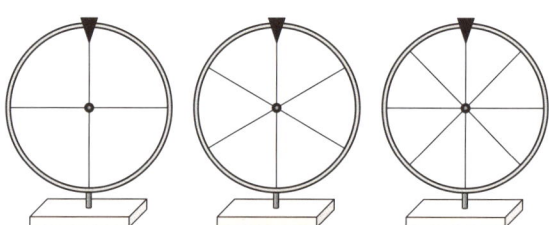

2   Male an.

Es ist möglich, dass 🟨 gewinnt.

Es ist unmöglich, dass 🟦 gewinnt.

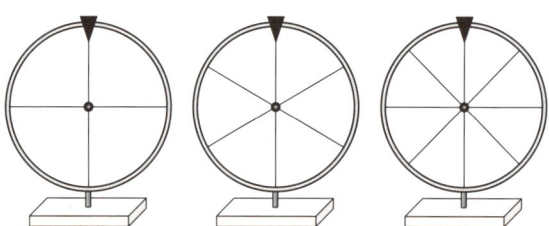

3   a) Male die Glücksräder verschieden an.
     Nimm 🟥 und 🟦.

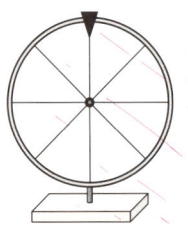  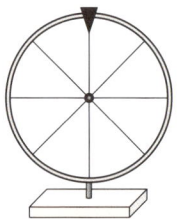 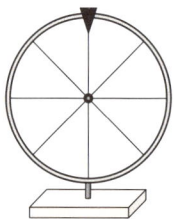

b) Rot gewinnt.
Welches Glücksrad wählst du?
Erkläre.

_____

_____

Name: Datum:

Zufall

① Setze ein: sicher , möglich oder unmöglich .

a) Es ist _____, dass du eine weiße Kugel ziehst.

Es ist _____, dass du eine rote Kugel ziehst.

Es ist _____, dass du eine gelbe Kugel ziehst.

b) Es ist _____, dass du eine weiße Kugel ziehst.

Es ist _____, dass du eine rote Kugel ziehst.

Es ist _____, dass du eine gelbe Kugel ziehst.

c) Es ist _____, dass du eine rote Kugel ziehst.

Es ist _____, dass du eine gelbe Kugel ziehst.

② Male an.

a) Es ist möglich, dass du eine gelbe Kugel ziehst.

Es ist möglich, dass du eine rote Kugel ziehst.

Es ist unmöglich, dass du eine weiße Kugel ziehst.

b) Es ist unmöglich, dass du eine rote Kugel ziehst.

Es ist sicher, dass du eine gelbe Kugel ziehst.

③ Male an.
Es ist möglich, dass du
eine gelbe Kugel ziehst.

Es ist möglich, dass du
eine weiße Kugel ziehst.

Es ist unmöglich, dass du
eine rote Kugel ziehst.

► SB 47

Zufall

1   Kreuze an.

	richtig	falsch

a)

Es ist sicher, dass du eine rote Kugel ziehst.   ☐   ☐

Es ist möglich, dass du eine rote Kugel ziehst.   ☐   ☐

Es ist unmöglich, dass du eine gelbe Kugel ziehst.   ☐   ☐

Es ist unmöglich, dass du eine grüne Kugel ziehst.   ☐   ☐

	richtig	falsch

b)

Es ist sicher, dass du eine rote Kugel ziehst.   ☐   ☐

Es ist möglich, dass du eine gelbe Kugel ziehst.   ☐   ☐

Es ist unmöglich, dass du eine grüne Kugel ziehst.   ☐   ☐

Es ist unmöglich, dass du eine weiße Kugel ziehst.   ☐   ☐

●

2   Male an.

a) Es ist möglich, dass du eine rote Kugel ziehst.

Es ist möglich, dass du eine gelbe Kugel ziehst.

Es ist möglich, dass du eine grüne Kugel ziehst.

Es ist unmöglich, dass du eine weiße Kugel ziehst.

●

b) In welchen Farben hast du die Kugeln angemalt?
Begründe:

_____

_____

_____

_____

Plusaufgaben mit Zehnerübergang

① Zeichne das Bild.
Rechne die Aufgabe.

a)

64 + 7 = ☐

b)

28 + 6 = ☐

c)

35 + 8 = ☐

d)

52 + 9 = ☐

e)

84 + 8 = ☐

f)

49 + 3 = ☐

② Lege die Aufgabe.
Rechne die Aufgabe.

a)

$$3\,8 + 6$$
$$3\,8 + \boxed{2} + \boxed{4} = \boxed{}$$

b)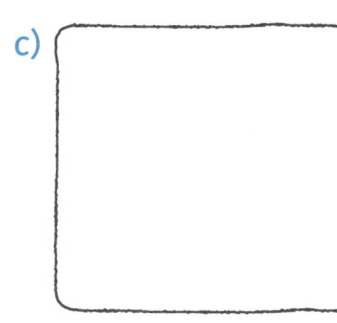

$$\boxed{} + \boxed{}$$
$$\boxed{} + \boxed{} + \boxed{} = \boxed{}$$

c)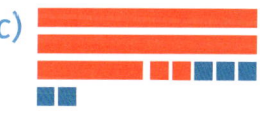

$$\boxed{} + \boxed{}$$
$$\boxed{} + \boxed{} + \boxed{} = \boxed{}$$

d)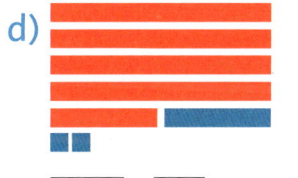

$$\boxed{} + \boxed{}$$
$$\boxed{} + \boxed{} + \boxed{} = \boxed{}$$

e)

$$\boxed{} + \boxed{}$$
$$\boxed{} + \boxed{} + \boxed{} = \boxed{}$$

f)

$$\boxed{} + \boxed{}$$
$$\boxed{} + \boxed{} + \boxed{} = \boxed{}$$

Plusaufgaben mit Zehnerübergang

① Rechne die Aufgaben mit dem Rechenstrich.

a)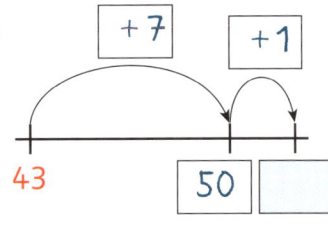

43 + 8 = ☐

b)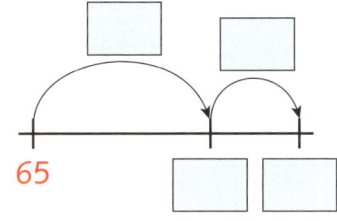

65 + 7 = ☐

c)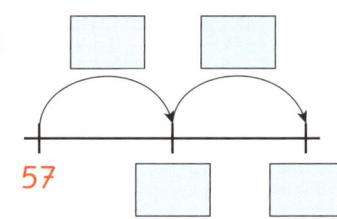

57 + 6 = ☐

d)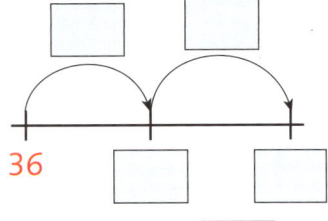

36 + 9 = ☐

e)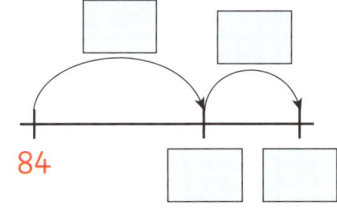

84 + 8 = ☐

f)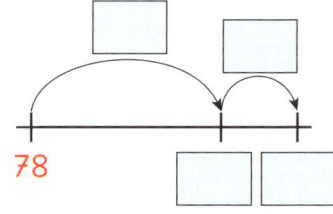

78 + 3 = ☐

g)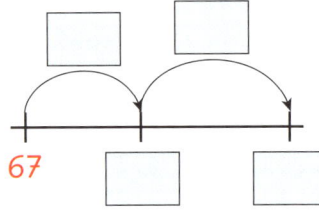

67 + 8 = ☐

h)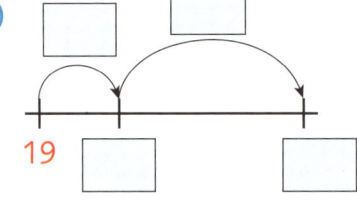

19 + 4 = ☐

i)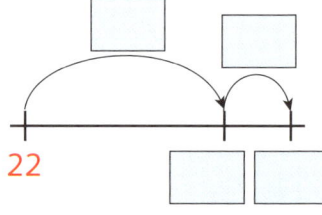

22 + 9 = ☐

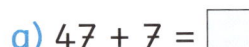

② Wie rechnest du?

a) 47 + 7 = ☐

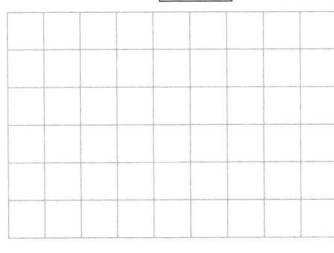

b) 53 + 8 = ☐

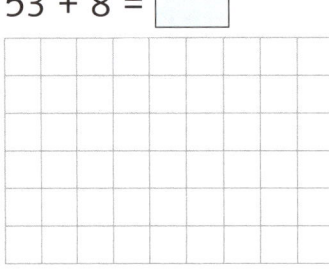

c) 38 + 5 = ☐

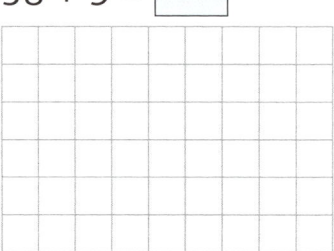

d) 29 + 2 = ☐

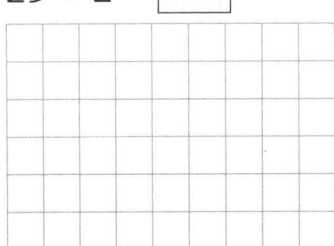

e) 66 + 8 = ☐

f) 85 + 6 = ☐

Minusaufgaben mit Zehnerübergang

① Lege die Aufgabe.
Rechne die Aufgabe.

a)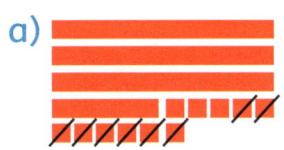

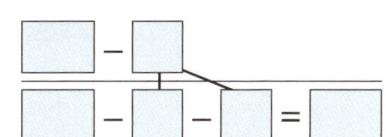

$$46 - 8$$
$$46 - 6 - 2 = \boxed{}$$

b)

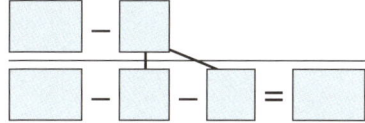

$\boxed{} - \boxed{}$
$\boxed{} - \boxed{} - \boxed{} = \boxed{}$

c)

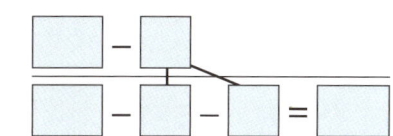

$\boxed{} - \boxed{}$
$\boxed{} - \boxed{} - \boxed{} = \boxed{}$

d)

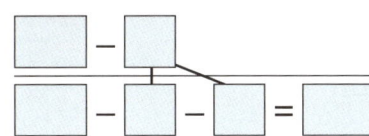

$\boxed{} - \boxed{}$
$\boxed{} - \boxed{} - \boxed{} = \boxed{}$

e)

$\boxed{} - \boxed{}$
$\boxed{} - \boxed{} - \boxed{} = \boxed{}$

② Lege die Aufgabe.
Zeichne das Bild.
Rechne die Aufgabe.

a)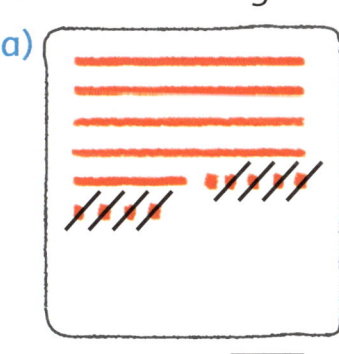

$$54 - 8 = \boxed{}$$

b)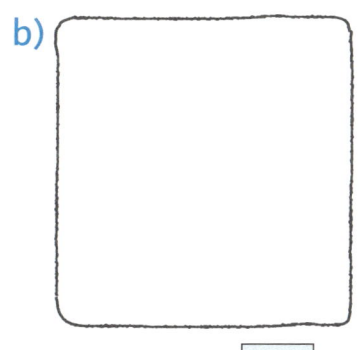

$$33 - 4 = \boxed{}$$

c)

$$41 - 3 = \boxed{}$$

d)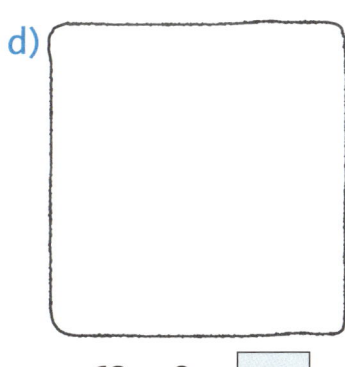

$$62 - 9 = \boxed{}$$

e)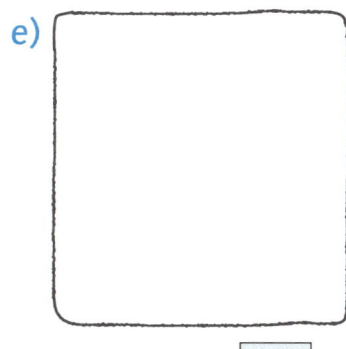

$$75 - 7 = \boxed{}$$

f)

$$84 - 6 = \boxed{}$$

Minusaufgaben mit Zehnerübergang

1 Rechne die Aufgaben mit dem Rechenstrich.

a)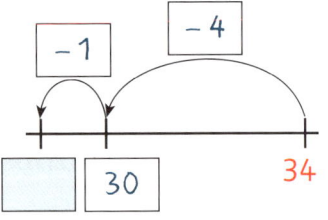

34 – 5 = ☐

b)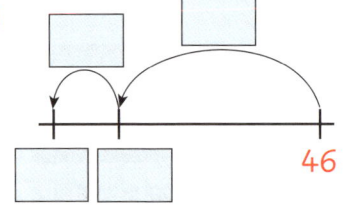

46 – 7 = ☐

c)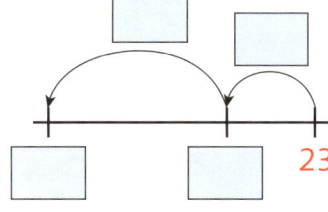

23 – 8 = ☐

d)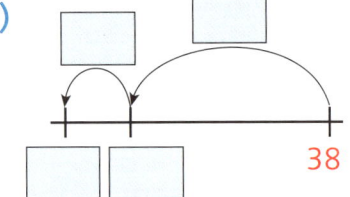

38 – 9 = ☐

e)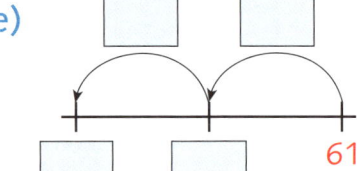

61 – 2 = ☐

f)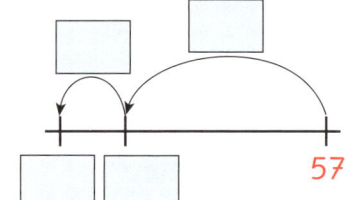

57 – 8 = ☐

g)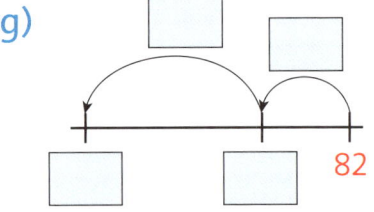

82 – 6 = ☐

h)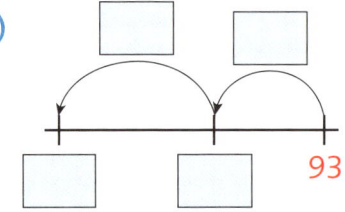

93 – 7 = ☐

i)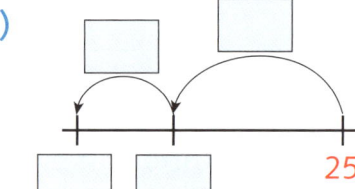

25 – 8 = ☐

2 Wie rechnest du?

a) 18 – 9 = ☐

b) 35 – 6 = ☐

c) 23 – 6 = ☐

d) 44 – 7 = ☐

e) 51 – 6 = ☐

f) 42 – 7 = ☐

Rechenwege aufschreiben

① Einer plus Einer plus
Zehner plus Zehner.

a) 38 + 23

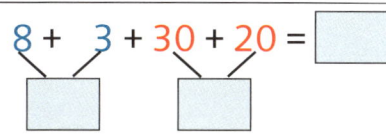

$8 + 3 + 30 + 20 = \square$

b) 54 + 28

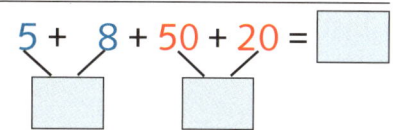

$5 + 8 + 50 + 20 = \square$

c) 47 + 15

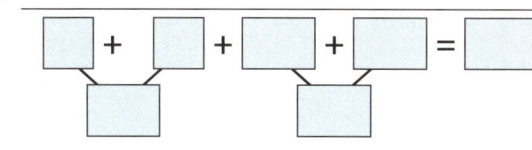

$\square + \square + \square + \square = \square$

d) 67 + 26

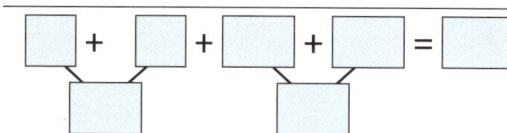

$\square + \square + \square + \square = \square$

e) 37 + 36

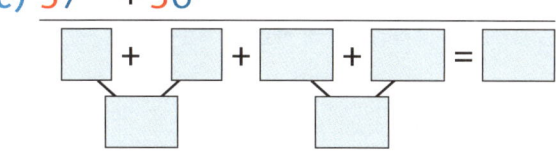

$\square + \square + \square + \square = \square$

h) 18 + 65

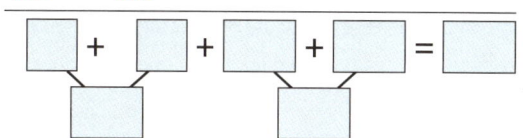

$\square + \square + \square + \square = \square$

② Zuerst die Zehner weg,
dann die Einer weg.

a) 63 − 26

−Z 63 − 20 = $\square$

−E 43 − 6 = $\square$

b) 45 − 18

−Z 45 − 10 = $\square$

−E 35 − 8 = $\square$

c) 54 − 39

−Z 54 − 30 = $\square$

−E 24 − 9 = $\square$

d) 76 − 17

−Z $\square − \square = \square$

−E $\square − \square = \square$

e) 85 − 46

−Z $\square − \square = \square$

−E $\square − \square = \square$

f) 72 − 25

−Z $\square − \square = \square$

−E $\square − \square = \square$

g) 81 − 33

−Z $\square − \square = \square$

−E $\square − \square = \square$

h) 94 − 28

−Z $\square − \square = \square$

−E $\square − \square = \square$

i) 66 − 37

−Z $\square − \square = \square$

−E $\square − \square = \square$

j) 65 − 48

−Z $\square − \square = \square$

−E $\square − \square = \square$

k) 52 − 27

−Z $\square − \square = \square$

−E $\square − \square = \square$

l) 44 − 35

−Z $\square − \square = \square$

−E $\square − \square = \square$

▶ SB 56–58

Name: _____   Datum: _____

Rechenwege aufschreiben

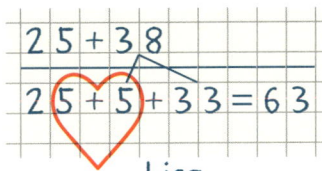
Lisa

Momo

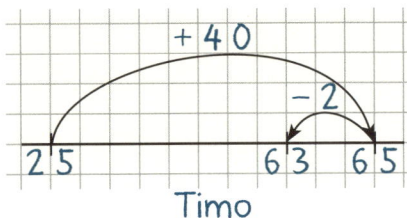
Emira

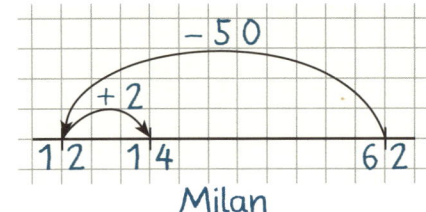
Timo

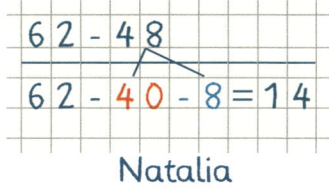
Milan

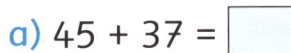
Natalia

① Wie rechnest du?

a) 45 + 37 = ☐

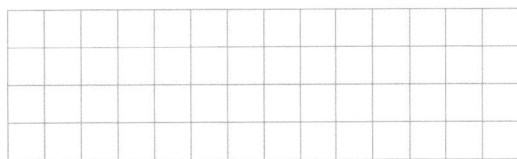

b) 52 – 48 = ☐

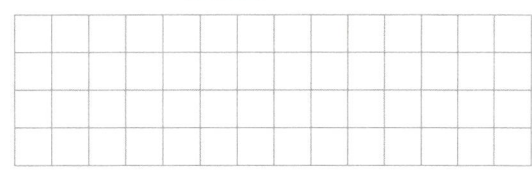

c) 54 + 29 = ☐

d) 73 – 26 = ☐

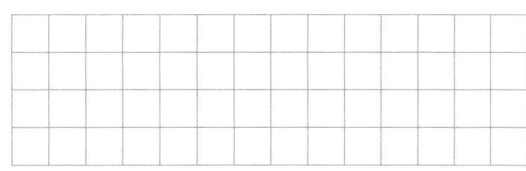

e) 78 + 18 = ☐

f) 85 – 37 = ☐

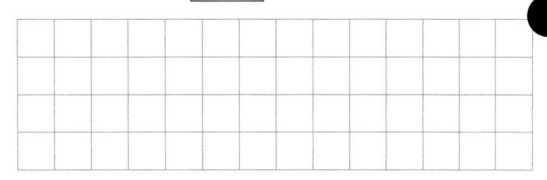

g) 36 + 27 = ☐

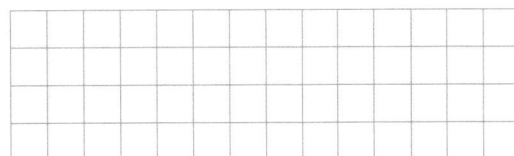

h) 24 – 19 = ☐

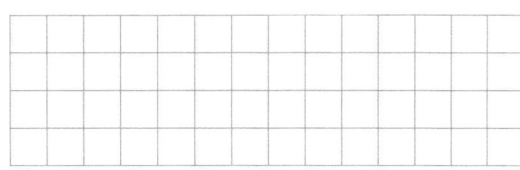

i) 69 + 15 = ☐

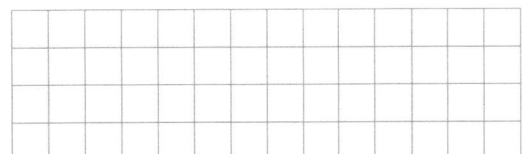

j) 81 – 55 = ☐

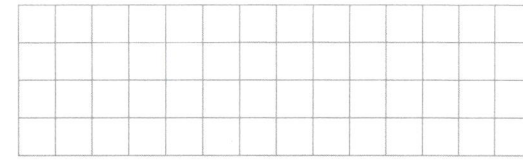

Entdeckerpäckchen

① Rechne die Entdeckerpäckchen.

a) $73 - 45 = \boxed{}$

$73 - 46 = \boxed{}$

$73 - 47 = \boxed{}$

$73 - 48 = \boxed{}$

$73 - 49 = \boxed{}$

b) $54 + 18 = \boxed{}$

$55 + 18 = \boxed{}$

$56 + 18 = \boxed{}$

$57 + 18 = \boxed{}$

$58 + 18 = \boxed{}$

die 1. Zahl

die 2. Zahl

das Ergebnis

bleibt immer gleich.	wird immer um ____ kleiner.	wird immer um ____ größer.

② $40 - 29 = \boxed{}$

$39 - 27 = \boxed{}$

$38 - 25 = \boxed{}$

$\boxed{} - \boxed{} = \boxed{}$

$\boxed{} - \boxed{} = \boxed{}$

Die erste Zahl _____

_____

Die zweite Zahl _____

_____

Das Ergebnis _____

_____

bleibt immer gleich.	wird immer um ____ kleiner.	wird immer um ____ größer.

③ $\boxed{} + \boxed{} = \boxed{}$

$\boxed{} + \boxed{} = \boxed{}$

$\boxed{} + \boxed{} = \boxed{}$

$\boxed{} + \boxed{} = \boxed{}$

$\boxed{} + \boxed{} = \boxed{}$

Die erste Zahl _____

_____

Die zweite Zahl _____

_____

Das Ergebnis _____

_____

 SB 61

Entdeckerpäckchen

① Schreibe Minus-Entdeckerpäckchen.
Das Ergebnis soll immer gleich bleiben.

a) 54 − 38 = ☐
    55 − 39 = ☐
    ☐ − ☐ = ☐
    ☐ − ☐ = ☐
    ☐ − ☐ = ☐

b) 72 − 23 = ☐
    74 − ☐ = ☐
    ☐ − ☐ = ☐
    ☐ − ☐ = ☐
    ☐ − ☐ = ☐

c) 61 − 34 = ☐
    60 − ☐ = ☐
    ☐ − ☐ = ☐
    ☐ − ☐ = ☐
    ☐ − ☐ = ☐

d) ☐ − ☐ = ☐
    ☐ − ☐ = ☐
    ☐ − ☐ = ☐
    ☐ − ☐ = ☐
    ☐ − ☐ = ☐

② Was ist richtig für die Minus-Entdeckerpäckchen
mit immer gleichem Ergebnis?
Kreuze die richtigen Sätze an.

a) Wenn die erste Zahl immer um 2 größer wird,
dann wird die zweite Zahl immer um 2 kleiner. ☐

b) Wenn die erste Zahl immer um 2 kleiner wird,
dann wird die zweite Zahl immer um 2 kleiner. ☐

c) Wenn die erste Zahl immer um 1 größer wird,
dann wird die zweite Zahl immer um 2 größer. ☐

d) Wenn die erste Zahl immer um 1 kleiner wird,
dann wird die zweite Zahl immer um 1 größer. ☐

e) Wenn die erste Zahl immer um 1 größer wird,
dann wird die zweite Zahl immer um 1 größer. ☐

Magische Quadrate

① Das ist ein magisches Quadrat.
Löse es.

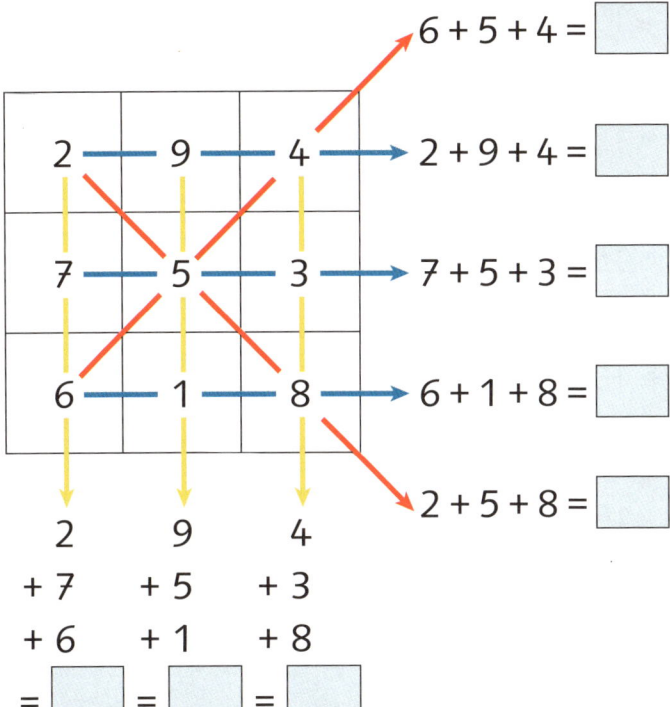

$6 + 5 + 4 =$ ☐

$2 + 9 + 4 =$ ☐

$7 + 5 + 3 =$ ☐

$6 + 1 + 8 =$ ☐

$2 + 5 + 8 =$ ☐

2	9	4
+ 7	+ 5	+ 3
+ 6	+ 1	+ 8
= ☐	= ☐	= ☐

---

② Noch mehr magische Quadrate.
Löse sie.

a)

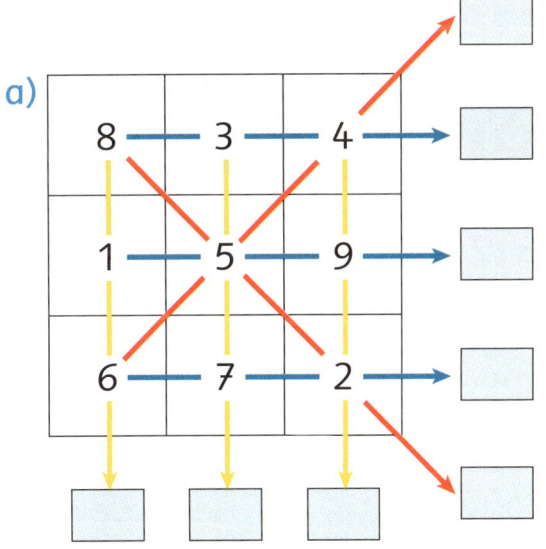

b)

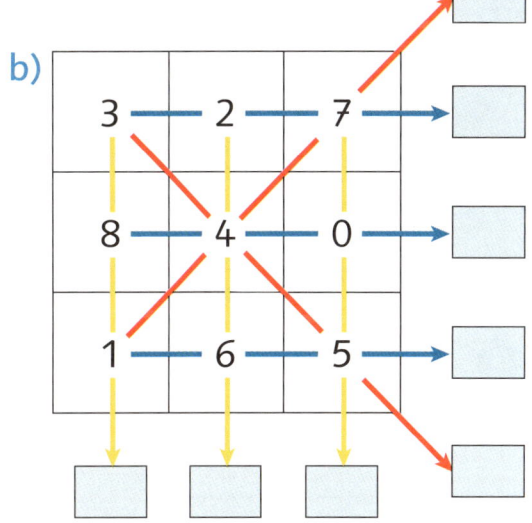

© 2012 Cornelsen Verlag, Berlin. Alle Rechte vorbehalten.

Magische Quadrate

1 Ergänze die Zahlen zum magischen Quadrat.

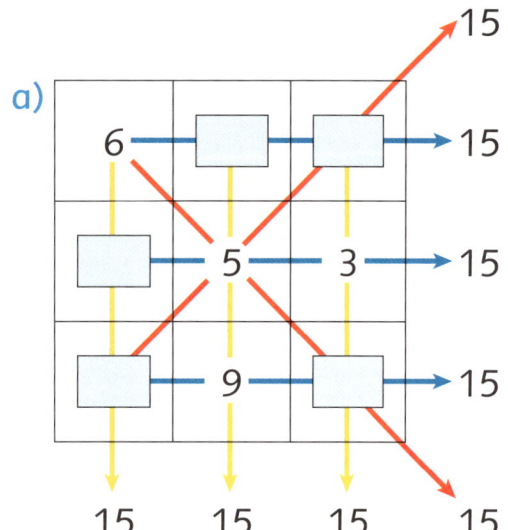

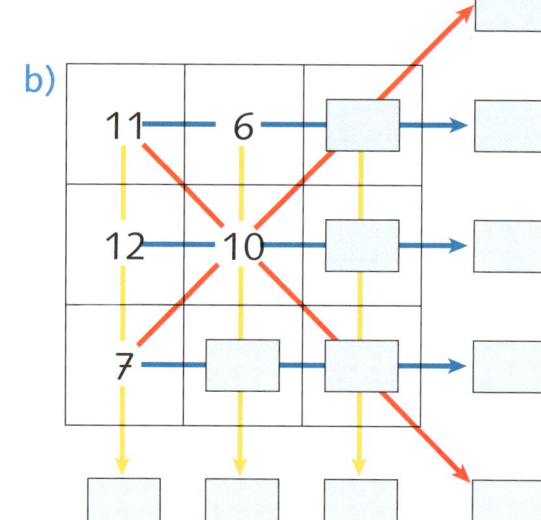

---

2 Mache jede Zahl um 7 größer.
Ist das wieder ein magisches Quadrat?
Kreuze an.

☐ ja   ☐ nein

8	3	4
1	5	9
6	7	2

15	10	

---

3 Verdoppele jede Zahl.
Ist das wieder ein magisches Quadrat?
Kreuze an.

☐ ja   ☐ nein

8	3	4
1	5	9
6	7	2

16	6	

---

4 Finde eigene magische Quadrate.

Plusaufgaben mit Ziffernkarten

① Suche vier Ziffernkarten aus.
Schreibe mit deinen Ziffern
verschiedene Plusaufgaben.
Du darfst in jeder Aufgabe jede Ziffer nur einmal benutzen.

a) 12 + ☐ = ☐

☐ + ☐ = ☐

☐ + ☐ = ☐

b) ☐ + ☐ = ☐

☐ + ☐ = ☐

☐ + ☐ = ☐

② Suche vier neue Ziffernkarten aus.
Schreibe mit deinen Ziffern
verschiedene Plusaufgaben.
Du darfst in jeder Aufgabe jede Ziffer nur einmal benutzen.

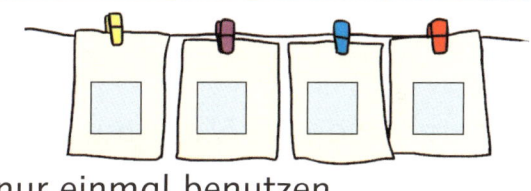

a) ☐ + ☐ = ☐

☐ + ☐ = ☐

☐ + ☐ = ☐

b) ☐ + ☐ = ☐

☐ + ☐ = ☐

☐ + ☐ = ☐

③ a) Kreise alle Ergebnisse in der Hundertertafel ein:

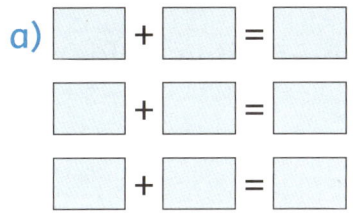 die Ergebniszahlen von ① rot.

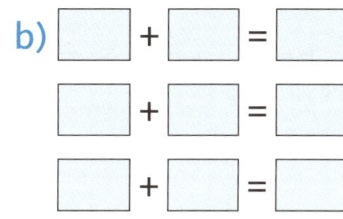 die Ergebniszahlen von ② blau.

b) Was entdeckst du?

_____

_____

_____

_____

1	2	3	4	5	6	7	8	9	10
11	12	13	14	15	16	17	18	19	20
21	22	23	24	25	26	27	28	29	30
31	32	33	34	35	36	37	38	39	40
41	42	43	44	45	46	47	48	49	50
51	52	53	54	55	56	57	58	59	60
61	62	63	64	65	66	67	68	69	70
71	72	73	74	75	76	77	78	79	80
81	82	83	84	85	86	87	88	89	90
91	92	93	94	95	96	97	98	99	100

▶ SB 60

★

Minusaufgaben mit Ziffernkarten

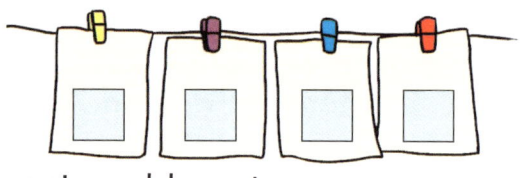

1 Suche vier Ziffernkarten aus.
Schreibe mit deinen Ziffern
verschiedene Minusaufgaben.
Du darfst in jeder Aufgabe jede Ziffer nur einmal benutzen.

a) ☐ – ☐ = ☐

☐ – ☐ = ☐

☐ – ☐ = ☐

☐ – ☐ = ☐

b) ☐ – ☐ = ☐

☐ – ☐ = ☐

☐ – ☐ = ☐

☐ – ☐ = ☐

2 a) Finde die Minusaufgabe mit dem kleinsten Ergebnis.

☐ – ☐ = ☐

b) Wie hast du die Aufgabe mit dem kleinsten Ergebnis gefunden?

_____

_____

_____

3 Finde eine Minusaufgabe mit
dem Ergebnis 35.
Suche dafür neue Ziffernkarten aus.

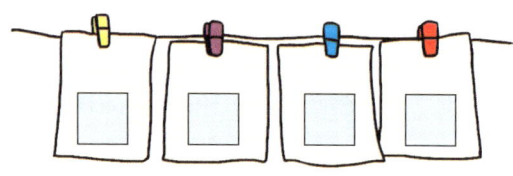

☐ – ☐ = 35

4 Findest du mit neuen Ziffernkarten
eine Minusaufgabe
mit dem Ergebnis 20?

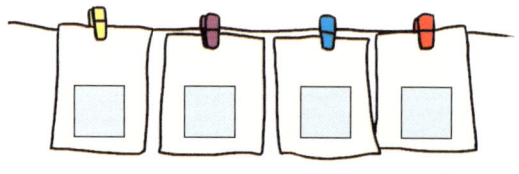

☐ – ☐ = 20

► SB 60

★★

Name: _____ Datum: _____

Fünflinge

① Zeichne die Spiegelachsen in den Fünfling.

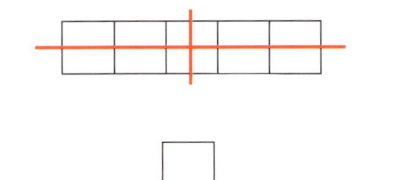 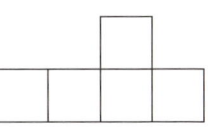 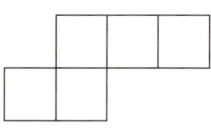

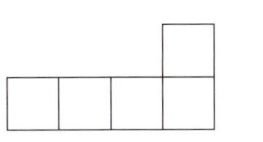 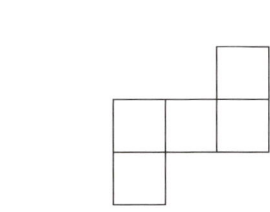 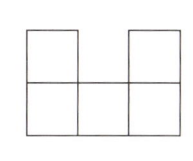

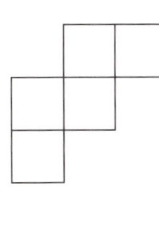 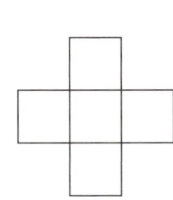 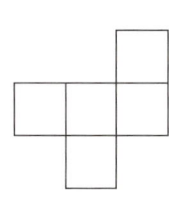 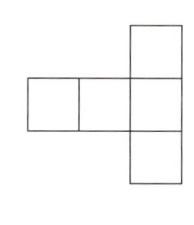

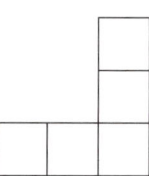

Es gibt _____ Fünflinge ohne Spiegelachse.

Es gibt _____ Fünflinge mit einer Spiegelachse.

Es gibt _____ Fünflinge mit zwei Spiegelachsen.

---

② Lege aus 2 Fünflingen ein Spiegelbild.
Zeichne die Figur.
Zeichne die Spiegelachse ein.

a)

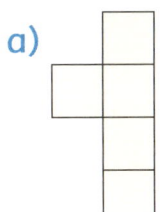 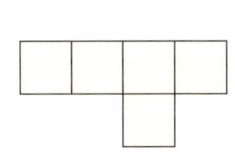 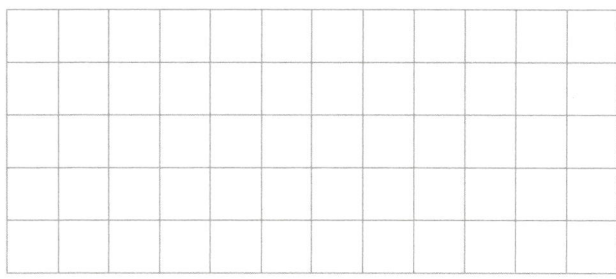

b)

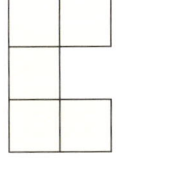  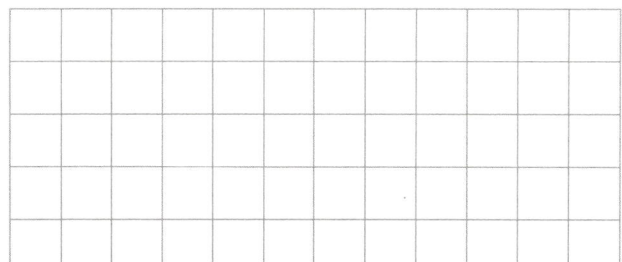

Fünflinge

1 Lege aus 2 Fünflingen ein Spiegelbild.
Zeichne die Figur.
Zeichne die Spiegelachse in die Figur.

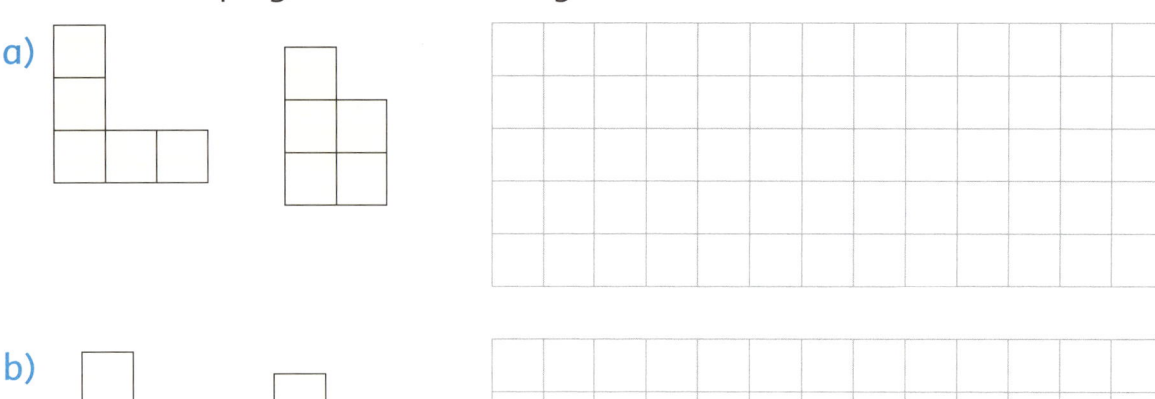

a)

b)

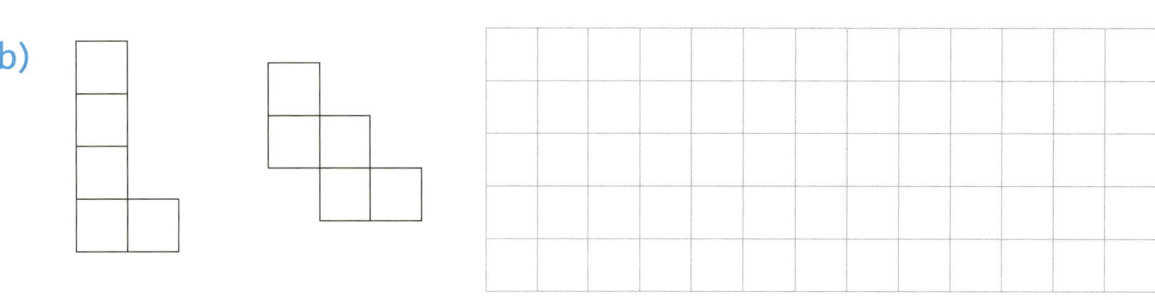

2 Lege aus zwei anderen Fünflingen das Spiegelbild.
Zeichne das Spiegelbild.

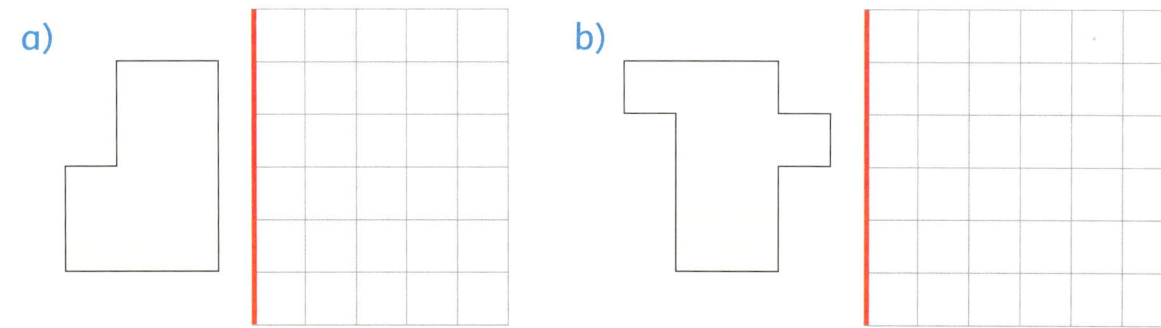

a)   b)

Geobrett (1)

① Verbinde gleiche Formen.

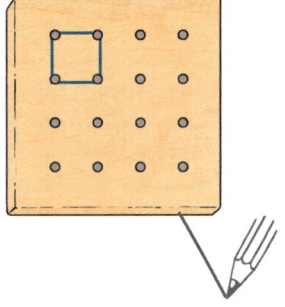 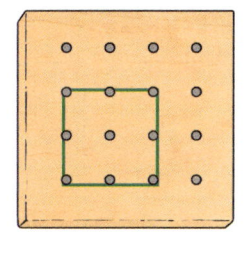 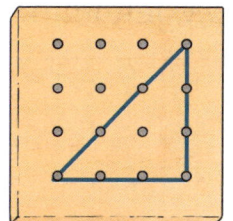 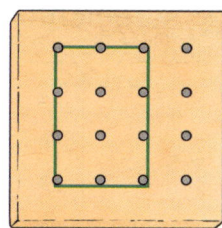

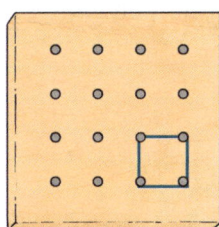 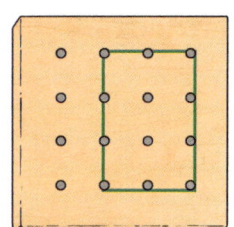 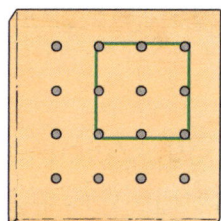 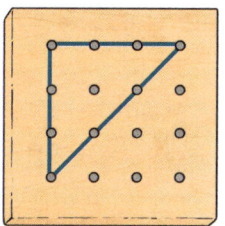

② Spanne verschiedene Quadrate auf deinem Geobrett.
Zeichne die Quadrate.

a) 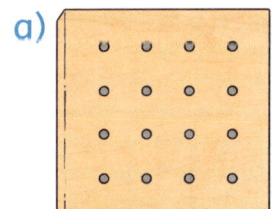   b) 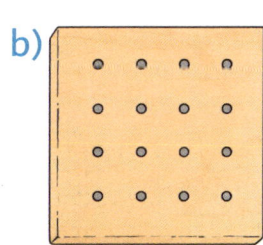   c) 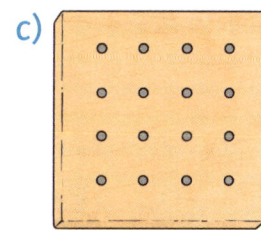   d)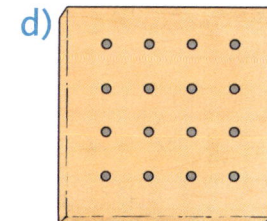

Vergleiche deine Ergebnisse mit einem Partner.

③ Spanne verschiedene Rechtecke auf deinem Geobrett.
Zeichne die Rechtecke.

a) 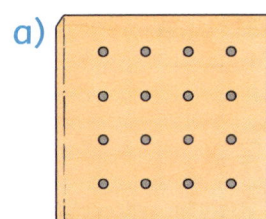   b) 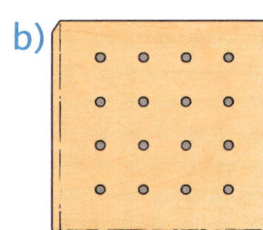   c) 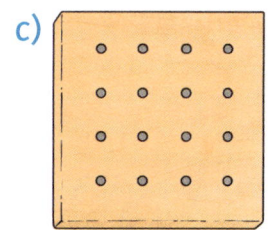   d)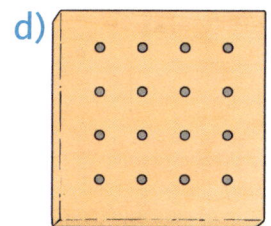

Vergleiche deine Ergebnisse mit einem Partner.

Geobrett (1)

**① Spanne die Dreiecke.
Zeichne das Spiegelbild dazu.**

a) 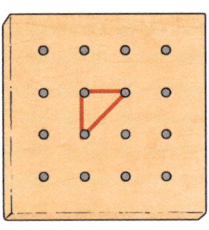 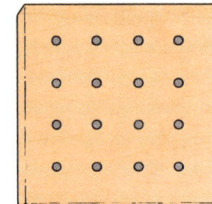   b)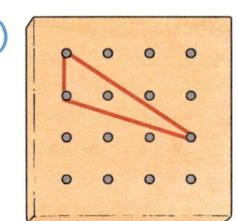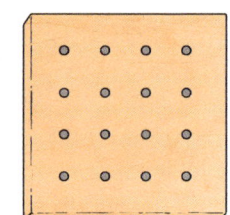

c) 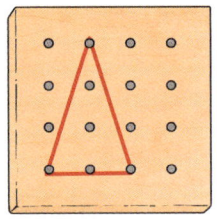 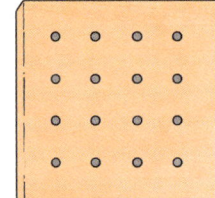   d)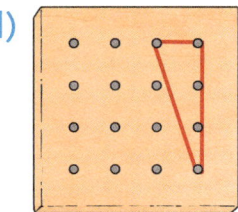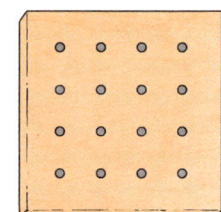

**② Spanne eine Figur. Zeichne die Figur.
Zeichne das Spiegelbild dazu.**

a) 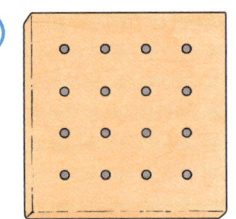 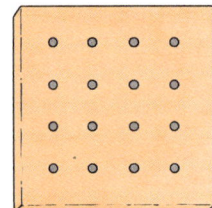   b)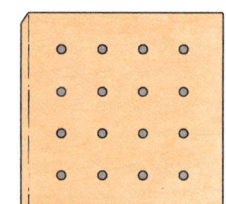

c) 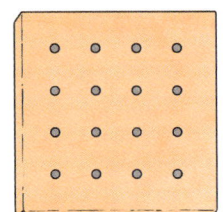   d)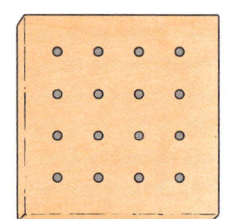

③ Spanne Dreiecke mit 3 Nägeln in der Mitte.

a) 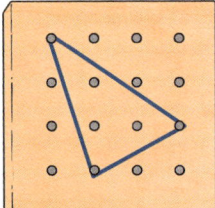   b) 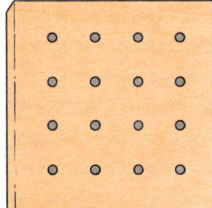   c) 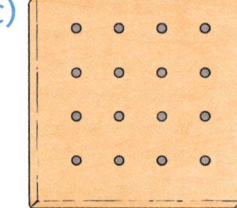   d)

Vergleiche deine Ergebnisse mit einem Partner.

▶ SB 66/67

Geobrett (2)

① Verbinde gleiche Formen.

 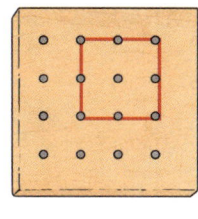 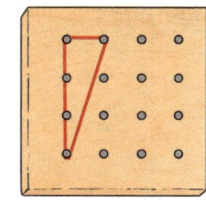 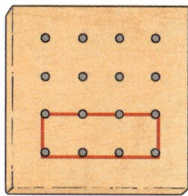 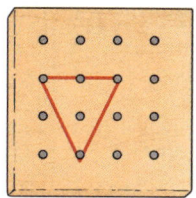

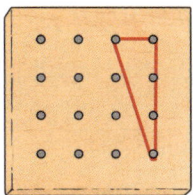 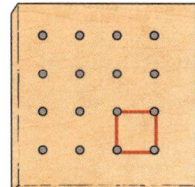 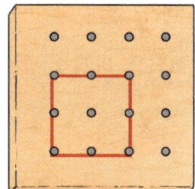 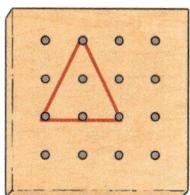 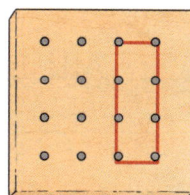

② Spanne verschiedene Dreiecke.

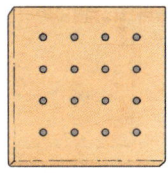 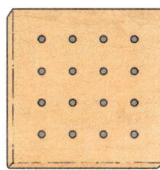 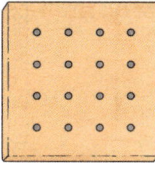 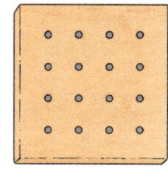 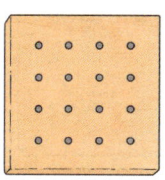 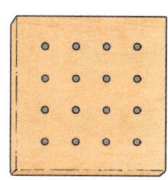

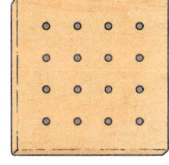  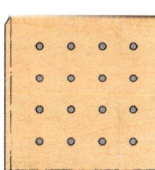 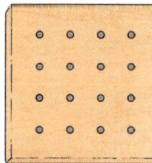 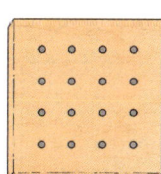 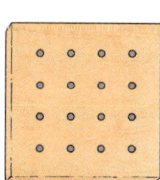

③ Kreuze die passenden Sätze an.

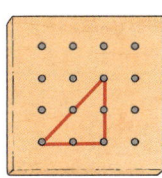 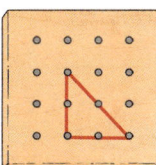

Die beiden Dreiecke sind gleich groß.　　　　□

Die beiden Dreiecke passen genau aufeinander.　□

Die beiden Dreiecke sind gespiegelt.　　　　□

Geobrett (2)

1   Spanne die Dreiecke.

a) 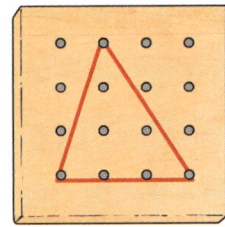   b) 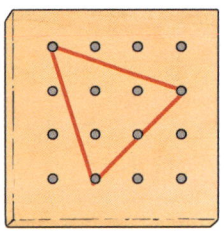   c)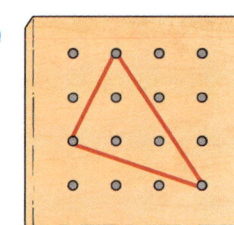

Kreuze die richtigen Sätze an.

Alle Dreiecke haben 3 Nägel außen.   ☐

Alle Dreiecke haben 3 Nägel innen.   ☐

Alle Dreiecke haben 3 Nägel an den Seiten.   ☐

●

---

2   Spanne Dreiecke.

a) mit einem Nagel innen

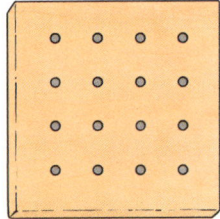 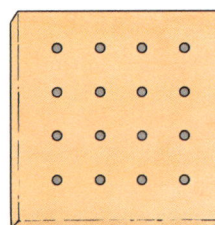 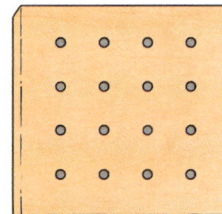 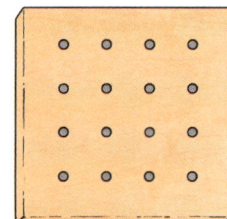

b) mit nur 3 Nägeln an den Seiten und 0 Nägeln innen

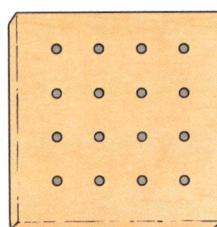   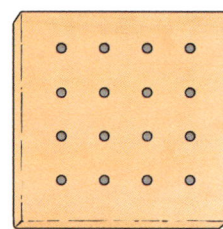

●

c) Vergleiche deine Ergebnisse mit einem Partner.

---

3   Warum gibt es kein Dreieck mit 2 Nägeln an den Seiten?
Erkläre.

_____

_____

_____

Name: Datum:

Muster

① Wie geht das Muster weiter?

a) _____

b) _____

c) _____

② Zeichne Spiegelachsen in das Muster.

a) 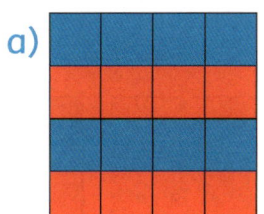   b)    c)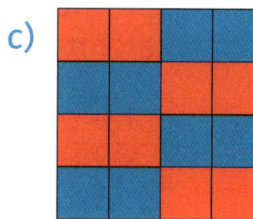

③ Male ein Muster.

a) mit 2 Farben   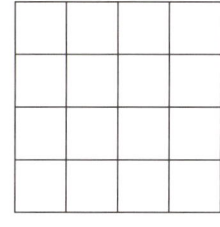   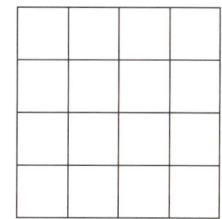   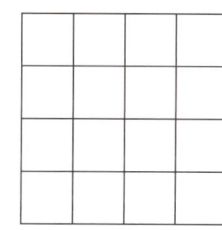

b) mit 3 Farben   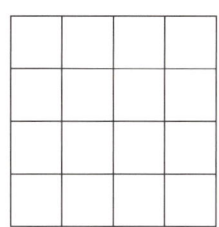   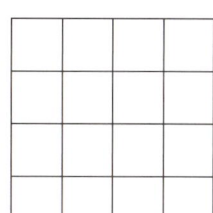   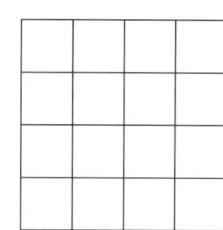

④ Male ein eigenes Muster.

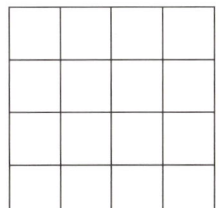   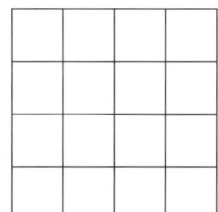   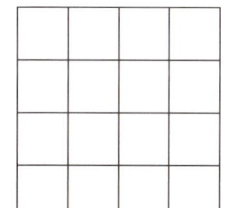   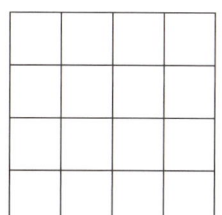

▶ SB 68/69

★

Name: Datum:

Muster

① **Wie geht das Muster weiter?**

a)

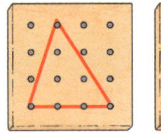 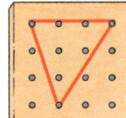 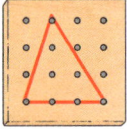     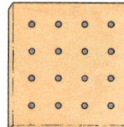

b)

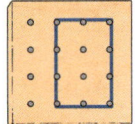 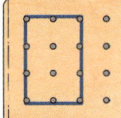 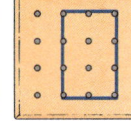    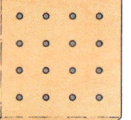 

② **Spanne das Spiegelbild.**
Zeichne das Spiegelbild.

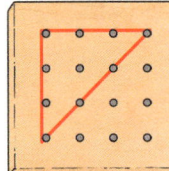 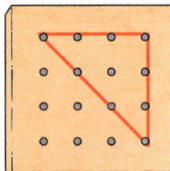 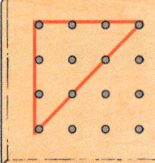 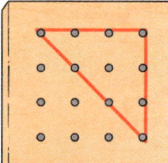 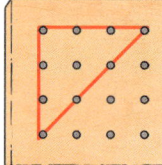 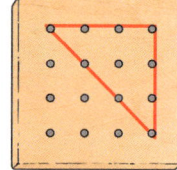

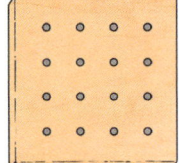 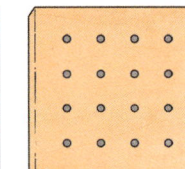 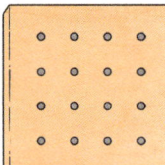 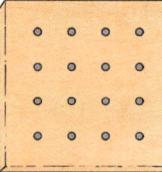  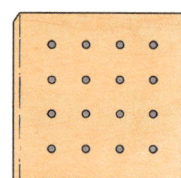

③ **a) Zeichne ein Muster mit Quadraten und zwei Spiegelachsen.**

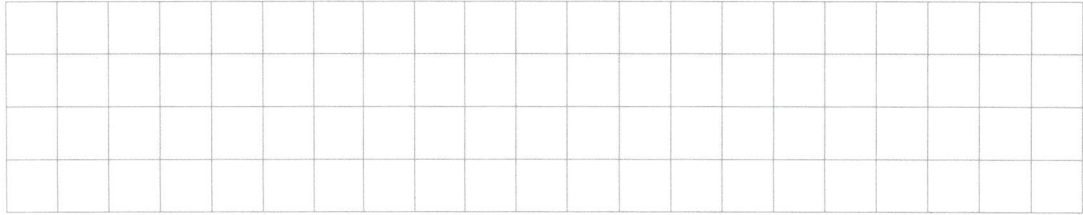

b) Zeichne ein Muster mit Quadraten und mehreren Spiegelachsen.

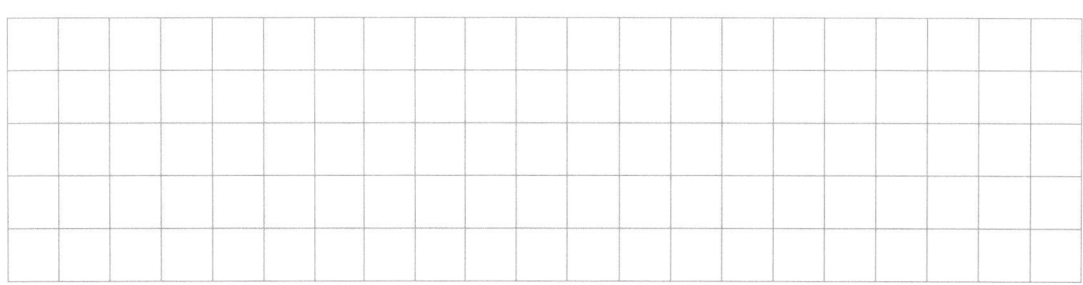

Von der Plus- zur Malaufgabe

1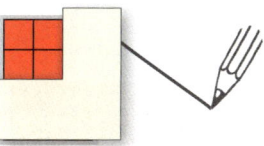

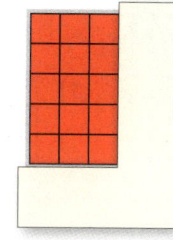

| 1 + 1 |

| 2 · 2 |

| 7 + 7 + 7 + 7 + 7 + 7 + 7 + 7 |

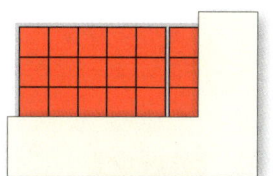

| 2 + 2 |

| 8 · 7 |

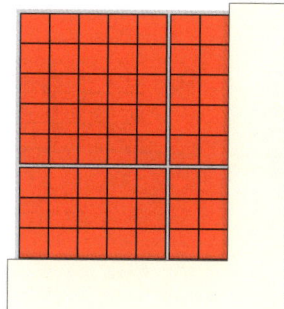

| 2 · 1 |

| 6 + 6 + 6 |

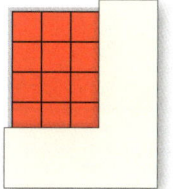

| 3 + 3 + 3 + 3 |

| 2 · 5 |

| 3 + 3 + 3 + 3 + 3 |

| 3 · 6 |

| 4 · 3 |

| 9 + 9 |

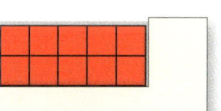

| 5 · 3 |

| 4 + 4 + 4 + 4 + 4 + 4 |

| 2 · 9 |

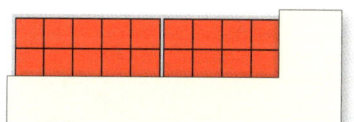

| 5 + 5 |

| 6 · 4 |

Name: _____   Datum: _____

Von der Plus- zur Malaufgabe

1 Schreibe die Plusaufgabe und die Malaufgabe.

a)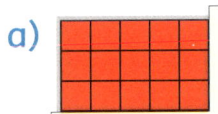

_____

_____

b)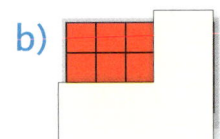

_____

_____

c)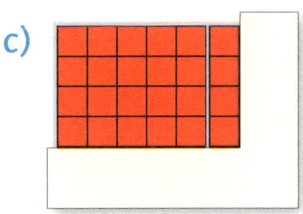

_____

_____

d)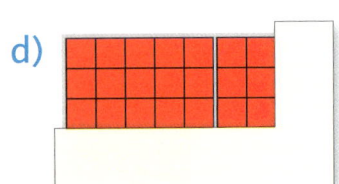

_____

_____

e)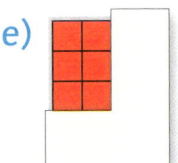

_____

_____

f)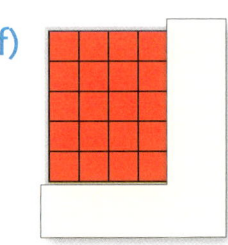

_____

_____

---

2 Zeichne die Malaufgabe.
Schreibe die Malaufgabe.

a) 4 + 4 + 4 = ☐

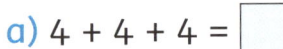

☐ ○ ☐ ○ ☐

b) 2 + 2 + 2 + 2 = ☐

☐ ○ ☐ ○ ☐

c) 3 + 3 = ☐

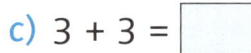

☐ ○ ☐ ○ ☐

d) 6 + 6 + 6 + 6 + 6 + 6 + 6 = ☐

☐ ○ ☐ ○ ☐

e) 5 + 5 + 5 = ☐

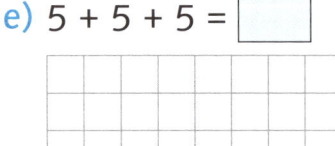

☐ ○ ☐ ○ ☐

Name: Datum:

Tauschaufgaben

① Schreibe die Malaufgabe und die Tauschaufgabe.

a)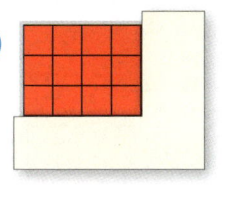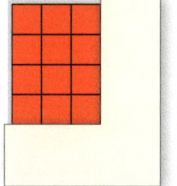

□ · □ = □
□ · □ = □

b)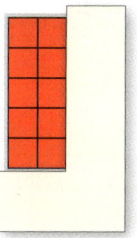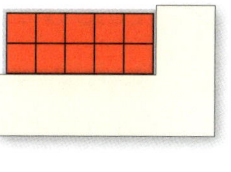

□ · □ = □
□ · □ = □

c)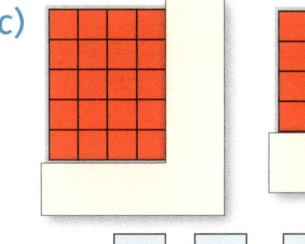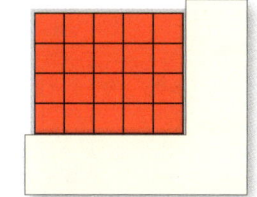

□ · □ = □
□ · □ = □

d)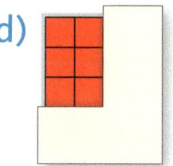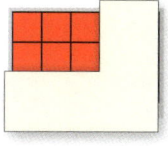

□ · □ = □
□ · □ = □

② Schreibe die Malaufgabe und die Tauschaufgabe.

a)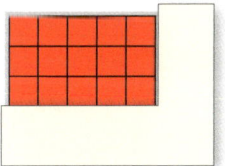

□ · □ = □
□ · □ = □

b)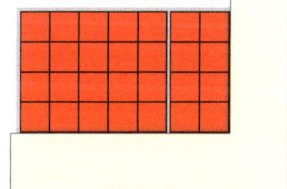

□ · □ = □
□ · □ = □

c)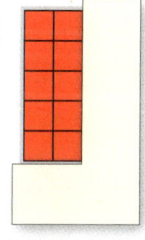

□ · □ = □
□ · □ = □

d)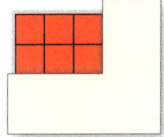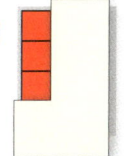

□ · □ = □
□ · □ = □

e)

□ · □ = □
□ · □ = □

f)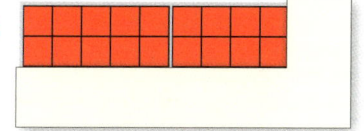

□ · □ = □
□ · □ = □

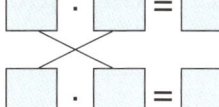
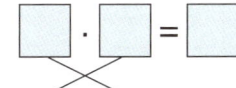
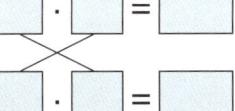
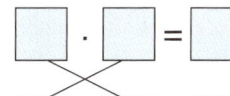
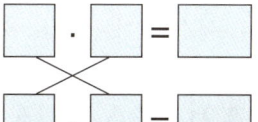

► SB 76

Tauschaufgaben

1 Zeichne die Malaufgabe und die Tauschaufgabe.
Schreibe die Tauschaufgabe auf.

a) 3 · 2 = ☐
☐ · ☐ = ☐

b) 4 · 1 = ☐
☐ · ☐ = ☐

c) 4 · 2 = ☐
☐ · ☐ = ☐

d) 1 · 3 = ☐
☐ · ☐ = ☐

e) 2 · 5 = ☐
☐ · ☐ = ☐

f) 3 · 4 = ☐
☐ · ☐ = ☐

g) 4 · 7 = ☐
☐ · ☐ = ☐

h) 5 · 6 = ☐
☐ · ☐ = ☐

4 Male die Malaufgabe, die Tauschaufgabe und die Ergebniszahl
mit derselben Farbe an.

6 · 2	7 · 2	2 · 2	2 · 0	2 · 8	10 · 2
8 · 2	0 · 2	5 · 2	2 · 3	2 · 7	2 · 9
2 · 2	1 · 2	2 · 6	9 · 2	2 · 1	4 · 2
2 · 5	2 · 4	2 · 10	3 · 2	0 · 7	7 · 0

12	16	14	10	18	0	0	20	2	4	10	8	6

▶ SB 76

★★

Einmaleinstafel

① Schreibe die Malaufgabe und die Tauschaufgabe.

a)

·	1	2	3	4	5	6	7	8	9	10
1										
2										
3										
4										
5										
6										
7										
8										
9										
10										

Malaufgabe

1 · ☐ = ☐
2 · ☐ = ☐
3 · ☐ = ☐
4 · ☐ = ☐
5 · ☐ = ☐
6 · ☐ = ☐
7 · ☐ = ☐
8 · ☐ = ☐
9 · ☐ = ☐
10 · ☐ = ☐

Tauschaufgabe

☐ · 1 = ☐
☐ · 2 = ☐
☐ · ☐ = ☐
☐ · ☐ = ☐
☐ · ☐ = ☐
☐ · ☐ = ☐
☐ · ☐ = ☐
☐ · ☐ = ☐
☐ · ☐ = ☐
☐ · ☐ = ☐

b)

·	1	2	3	4	5	6	7	8	9	10
1										
2										
3										
4										
5										
6										
7										
8										
9										
10										

Malaufgabe

1 · ☐ = ☐
2 · ☐ = ☐
3 · ☐ = ☐
4 · ☐ = ☐
5 · ☐ = ☐
6 · ☐ = ☐
7 · ☐ = ☐
8 · ☐ = ☐
9 · ☐ = ☐
10 · ☐ = ☐

Tauschaufgabe

☐ · 1 = ☐
☐ · 2 = ☐
☐ · ☐ = ☐
☐ · ☐ = ☐
☐ · ☐ = ☐
☐ · ☐ = ☐
☐ · ☐ = ☐
☐ · ☐ = ☐
☐ · ☐ = ☐
☐ · ☐ = ☐

Einmaleinstafel

 Rechne die Merkaufgaben.
Schreibe die Ergebniszahlen in die Einmaleinstafel.

Einer-Reihe	Zweier-Reihe	Fünfer-Reihe	Zehner-Reihe
1 · 1 = ☐	1 · 2 = ☐	1 · 5 = ☐	1 · 10 = ☐
2 · 1 = ☐	2 · 2 = ☐	2 · 5 = ☐	2 · 10 = ☐
3 · 1 = ☐	3 · 2 = ☐	3 · 5 = ☐	3 · 10 = ☐
4 · 1 = ☐	4 · 2 = ☐	4 · 5 = ☐	4 · 10 = ☐
5 · 1 = ☐	5 · 2 = ☐	5 · 5 = ☐	5 · 10 = ☐
6 · 1 = ☐	6 · 2 = ☐	6 · 5 = ☐	6 · 10 = ☐
7 · 1 = ☐	7 · 2 = ☐	7 · 5 = ☐	7 · 10 = ☐
8 · 1 = ☐	8 · 2 = ☐	8 · 5 = ☐	8 · 10 = ☐
9 · 1 = ☐	9 · 2 = ☐	9 · 5 = ☐	9 · 10 = ☐
10 · 1 = ☐	10 · 2 = ☐	10 · 5 = ☐	10 · 10 = ☐

·	1	2	3	4	5	6	7	8	9	10
1										
2										
3										
4										
5										
6										
7										
8										
9										
10										

Quadrataufgaben

1 · 1 = ☐

2 · ☐ = ☐

3 · ☐ = ☐

☐ · ☐ = ☐

☐ · ☐ = ☐

☐ · ☐ = ☐

☐ · ☐ = ☐

☐ · ☐ = ☐

☐ · ☐ = ☐

☐ · ☐ = ☐

© 2012 Cornelsen Verlag, Berlin. Alle Rechte vorbehalten.

▶ SB 82

Merkaufgaben

① Schreibe die Malaufgabe.

2	2 · 1	▦
4	☐ · ☐	▦
6	☐ · ☐	▦
8	☐ · ☐	▦
10	☐ · ☐	▦

12	☐ · ☐	▦
14	☐ · ☐	▦
16	☐ · ☐	▦
18	☐ · ☐	▦
20	☐ · ☐	▦

5	5 · 1	▦
10	☐ · ☐	▦
15	☐ · ☐	▦
20	☐ · ☐	▦
25	☐ · ☐	▦

30	☐ · ☐	▦
35	☐ · ☐	▦
40	☐ · ☐	▦
45	☐ · ☐	▦
50	☐ · ☐	▦

▸ SB 83

Merkaufgaben

① Rechne mit der Merkaufgabe.

a) $7 \cdot 8 =$ ☐
☐ $\cdot$ ☐ $=$ ☐
☐ $\cdot$ ☐ $=$ ☐

b) $6 \cdot 7 =$ ☐
☐ $\cdot$ ☐ $=$ ☐
☐ $\cdot$ ☐ $=$ ☐

c) $8 \cdot 4 =$ ☐
☐ $\cdot$ ☐ $=$ ☐
☐ $\cdot$ ☐ $=$ ☐
☐ $\cdot$ ☐ $=$ ☐

d) $4 \cdot 6 =$ ☐
☐ $\cdot$ ☐ $=$ ☐
☐ $\cdot$ ☐ $=$ ☐

e) $8 \cdot 6 =$ ☐
☐ $\cdot$ ☐ $=$ ☐
☐ $\cdot$ ☐ $=$ ☐

f) $7 \cdot 4 =$ ☐
☐ $\cdot$ ☐ $=$ ☐
☐ $\cdot$ ☐ $=$ ☐

●

g) $4 \cdot 3 =$ ☐
☐ $\cdot$ ☐ $=$ ☐
☐ $\cdot$ ☐ $=$ ☐

h) $6 \cdot 3 =$ ☐
☐ $\cdot$ ☐ $=$ ☐
☐ $\cdot$ ☐ $=$ ☐

i) $3 \cdot 7 =$ ☐
☐ $\cdot$ ☐ $=$ ☐
☐ $\cdot$ ☐ $=$ ☐

j) $7 \cdot 9 =$ ☐
☐ $\cdot$ ☐ $=$ ☐
☐ $\cdot$ ☐ $=$ ☐

k) $3 \cdot 6 =$ ☐
☐ $\cdot$ ☐ $=$ ☐
☐ $\cdot$ ☐ $=$ ☐

l) $9 \cdot 6 =$ ☐
☐ $\cdot$ ☐ $=$ ☐
☐ $\cdot$ ☐ $=$ ☐
☐ $\cdot$ ☐ $=$ ☐

●

m) $6 \cdot 4 =$ ☐
☐ $\cdot$ ☐ $=$ ☐
☐ $\cdot$ ☐ $=$ ☐

n) $4 \cdot 9 =$ ☐
☐ $\cdot$ ☐ $=$ ☐
☐ $\cdot$ ☐ $=$ ☐

o) $9 \cdot 7 =$ ☐
☐ $\cdot$ ☐ $=$ ☐
☐ $\cdot$ ☐ $=$ ☐
☐ $\cdot$ ☐ $=$ ☐

▶ SB 83

★★

Rechnen mit den Merkaufgaben

① **Rechne mit der Merkaufgabe.**

a)
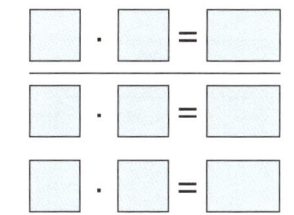

$$4 \cdot 8 = \boxed{}$$

$$\boxed{} \cdot \boxed{} = \boxed{}$$

$$\boxed{} \cdot \boxed{} = \boxed{}$$

b)
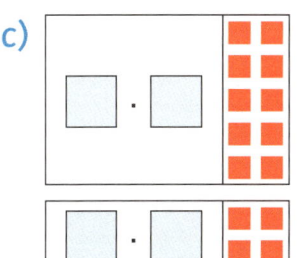

$$\boxed{} \cdot \boxed{} = \boxed{}$$

$$\boxed{} \cdot \boxed{} = \boxed{}$$

$$\boxed{} \cdot \boxed{} = \boxed{}$$

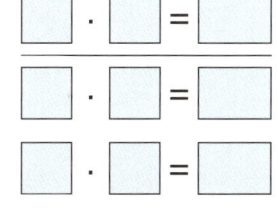

c)
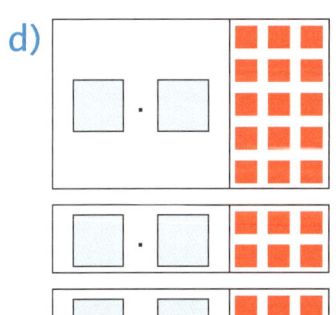

$$\boxed{} \cdot \boxed{} = \boxed{}$$

$$\boxed{} \cdot \boxed{} = \boxed{}$$

$$\boxed{} \cdot \boxed{} = \boxed{}$$

d)
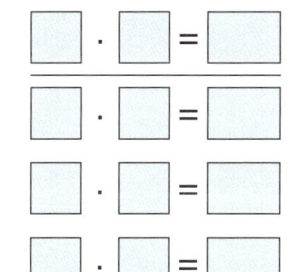

$$\boxed{} \cdot \boxed{} = \boxed{}$$

$$\boxed{} \cdot \boxed{} = \boxed{}$$

$$\boxed{} \cdot \boxed{} = \boxed{}$$

$$\boxed{} \cdot \boxed{} = \boxed{}$$

e)
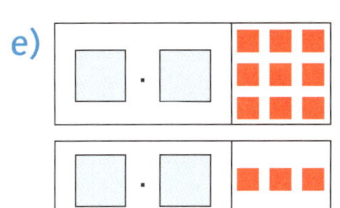

$$\boxed{} \cdot \boxed{} = \boxed{}$$

$$\boxed{} \cdot \boxed{} = \boxed{}$$

$$\boxed{} \cdot \boxed{} = \boxed{}$$

f)
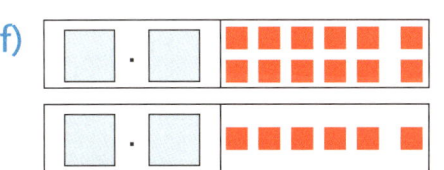

$$\boxed{} \cdot \boxed{} = \boxed{}$$

$$\boxed{} \cdot \boxed{} = \boxed{}$$

$$\boxed{} \cdot \boxed{} = \boxed{}$$

▶SB 83

Rechnen mit den Merkaufgaben

1 Finde verschiedene Möglichkeiten der Zerlegung
in die Merkaufgaben.

a) 4 · 8

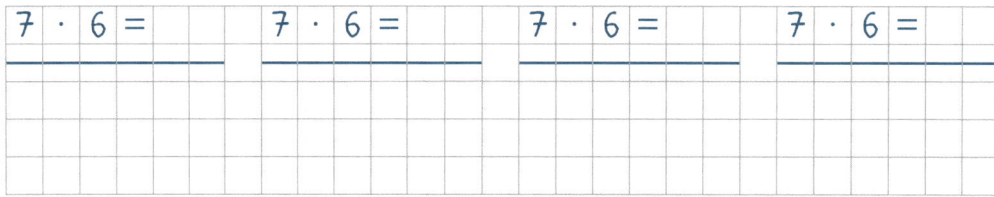

4 · 8 =	4 · 8 =	4 · 8 =	4 · 8 =
2 · 8 =			
2 · 8 =			

b) 7 · 6

| 7 · 6 = | 7 · 6 = | 7 · 6 = | 7 · 6 = |

c) 8 · 6

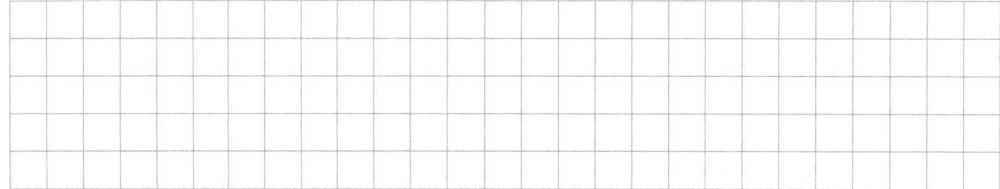

d) 3 · 4

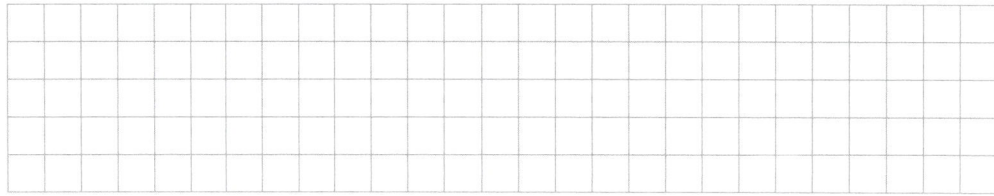

e) 7 · 8

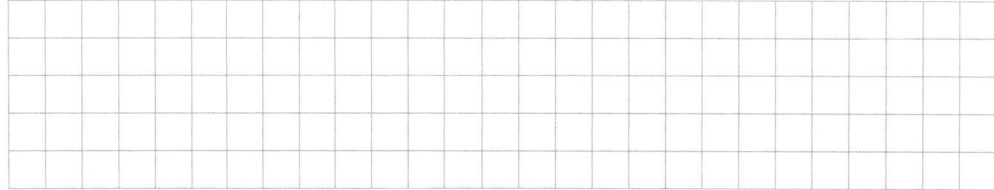

f) 9 · 3

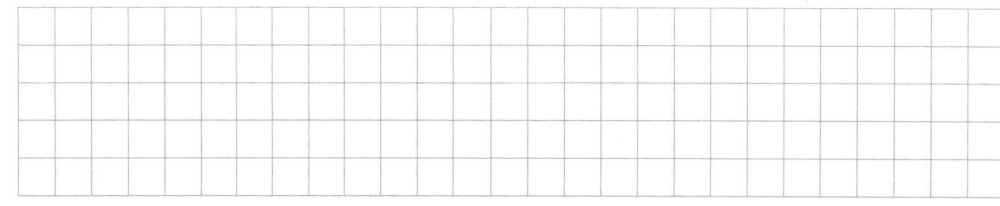

g) 6 · 4

Verdoppeln

① Rechne die Malaufgabe und die Verdoppelungsaufgabe.

a)

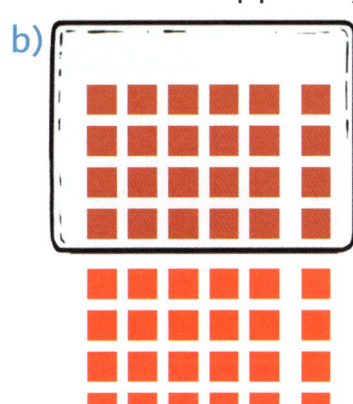

b)

c)

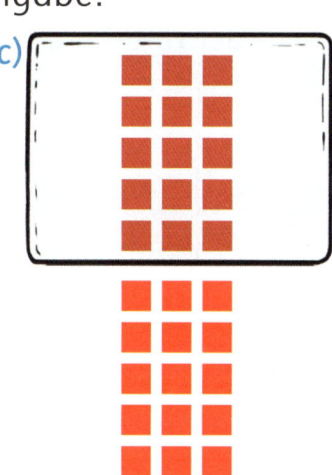

$3 \cdot 4 =$ ☐

$\boxed{6} \cdot \boxed{4} =$ ☐

☐ · ☐ = ☐

☐ · ☐ = ☐

☐ · ☐ = ☐

☐ · ☐ = ☐

d)

e)

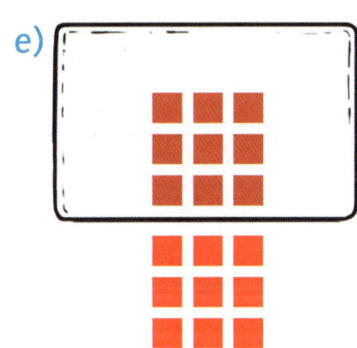

f)

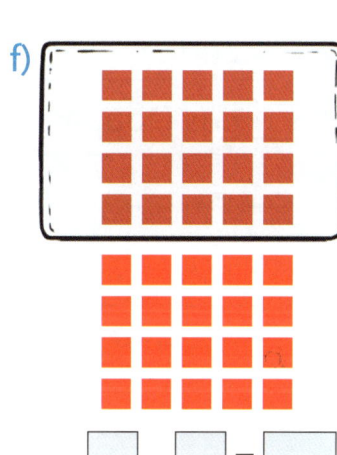

☐ · ☐ = ☐

☐ · ☐ = ☐

☐ · ☐ = ☐

☐ · ☐ = ☐

☐ · ☐ = ☐

☐ · ☐ = ☐

② a)

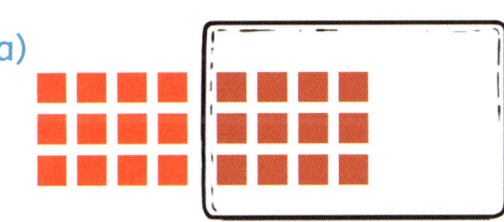

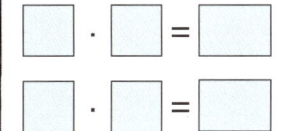

☐ · ☐ = ☐

☐ · ☐ = ☐

b)

☐ · ☐ = ☐

☐ · ☐ = ☐

★

Verdoppeln

1   Zeichne die Verdoppelungsaufgabe.
Schreibe die Malaufgabe und die Verdoppelungsaufgabe.

a)

b)

c)

☐ · ☐ = ☐   ☐ · ☐ = ☐   ☐ · ☐ = ☐

☐ · ☐ = ☐   ☐ · ☐ = ☐   ☐ · ☐ = ☐

2

Zahl	2	3	4	5	6	7	8	9	10	0
das Doppelte										

3

Zahl	20	18	16	14	12	10	8	6	4	2
die Hälfte										

4

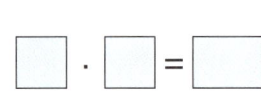

	1	2	3	4	5	6	7	8	9	10
· 2										
· 2										
· 2										

5   Rechne die Verdopplungsaufgabe.

a) 4 · 2 = ☐   b) 5 · 2 = ☐   c) 6 · 2 = ☐   d) 7 · 2 = ☐

4 · 4 = ☐   5 · 4 = ☐   6 · 4 = ☐   7 · 4 = ☐

4 · 8 = ☐   5 · 8 = ☐   6 · 8 = ☐   7 · 8 = ☐

Nachbaraufgaben

② Schreibe und rechne die Nachbaraufgabe.

a)

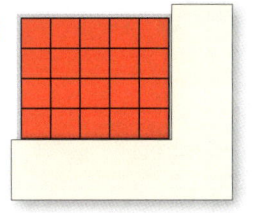   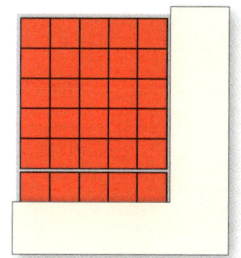

☐ · ☐ = ☐   5 · 5 = ☐   ☐ · ☐ = ☐

b)

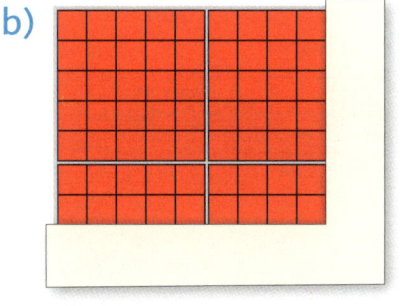 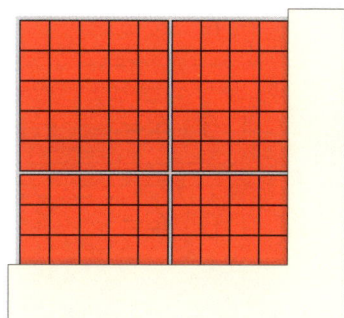 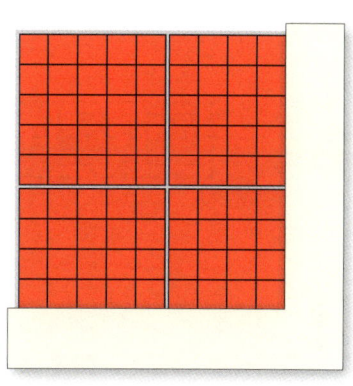

☐ · ☐ = ☐   8 · 9 = ☐   ☐ · ☐ = ☐

---

② Schreibe und rechne die Nachbaraufgabe.

a) ☐ · ☐ = ☐   5 · 3 = ☐   ☐ · ☐ = ☐

b) ☐ · ☐ = ☐   6 · 6 = ☐   ☐ · ☐ = ☐

c) ☐ · ☐ = ☐   5 · 7 = ☐   ☐ · ☐ = ☐

d) ☐ · ☐ = ☐   2 · 4 = ☐   ☐ · ☐ = ☐

e) ☐ · ☐ = ☐   5 · 5 = ☐   ☐ · ☐ = ☐

f) ☐ · ☐ = ☐   5 · 8 = ☐   ☐ · ☐ = ☐

g) ☐ · ☐ = ☐   2 · 7 = ☐   ☐ · ☐ = ☐

▶ SB 84–89

Nachbaraufgaben

1 Schreibe und rechne die Nachbaraufgabe.

a)

$5 \cdot 5 =$ ☐

☐ $\cdot$ ☐ $=$ ☐ $6 \cdot 5 =$ ☐   ☐ $\cdot$ ☐ $=$ ☐

$7 \cdot 5 =$ ☐

b)

$4 \cdot 4 =$ ☐

☐ $\cdot$ ☐ $=$ ☐ $5 \cdot 4 =$ ☐   ☐ $\cdot$ ☐ $=$ ☐

$6 \cdot 4 =$ ☐

c)

☐ $\cdot$ ☐ $=$ ☐

☐ $\cdot$ ☐ $=$ ☐ $9 \cdot 3 =$ ☐   ☐ $\cdot$ ☐ $=$ ☐

☐ $\cdot$ ☐ $=$ ☐

2 Rechne die Malaufgaben.
Beginne mit der Malaufgabe, die leicht für dich ist.

a) $8 \cdot 3 =$ ☐   b) $5 \cdot 7 =$ ☐   c) $5 \cdot 4 =$ ☐   d) $8 \cdot\ 8 =$ ☐

    $9 \cdot 3 =$ ☐ $6 \cdot 7 =$ ☐ $6 \cdot 4 =$ ☐ $8 \cdot\ 9 =$ ☐

   $10 \cdot 3 =$ ☐ $7 \cdot 7 =$ ☐ $7 \cdot 4 =$ ☐ $8 \cdot 10 =$ ☐

e) $7 \cdot 4 =$ ☐   f) $5 \cdot 6 =$ ☐   g) $5 \cdot 2 =$ ☐   h) $8 \cdot 4 =$ ☐

  $7 \cdot 5 =$ ☐ $6 \cdot 6 =$ ☐ $6 \cdot 2 =$ ☐ $9 \cdot 4 =$ ☐

  $7 \cdot 6 =$ ☐ $7 \cdot 6 =$ ☐ $7 \cdot 2 =$ ☐ $10 \cdot 4 =$ ☐

▶ SB 84–89

Einmaleins üben (1)

① Rechne die Malaufgabe.

·	1	2	3	4	5	6	7	8	9	10
1	1	2								
2										
3							21			
4										
5										
6										
7		21								
8										
9										
10										

② Rechne als Malaufgaben.

a)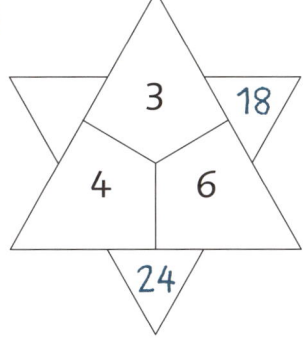

b)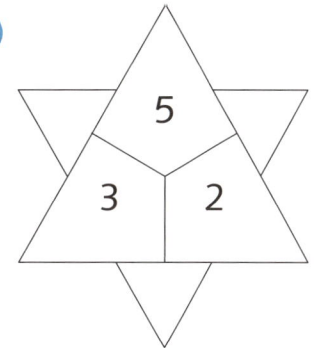

c)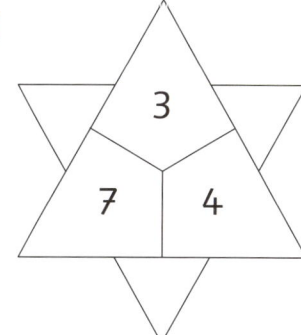

d)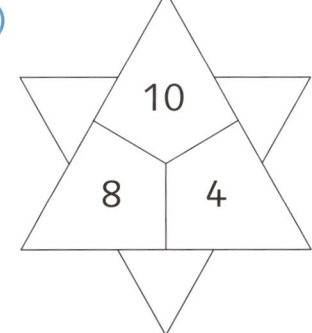

e)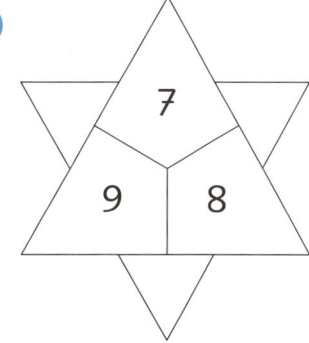

f)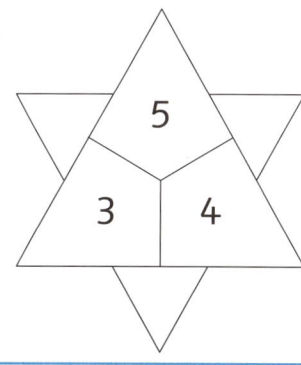

Einmaleins üben (1)

1 Rechne die Malaufgabe.

a)

·				
4	20			
5		15		
6			36	
8				32

b)

·	4	3	2	8
	16			
		21		
			10	
				64

2 Finde eigene Malsterne.

a) 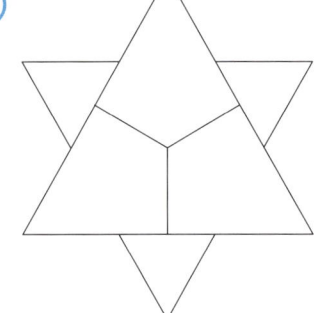　　b) 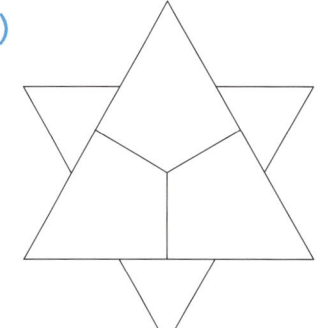　　c)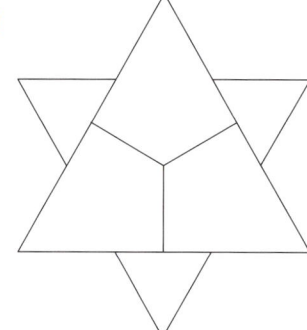

d) 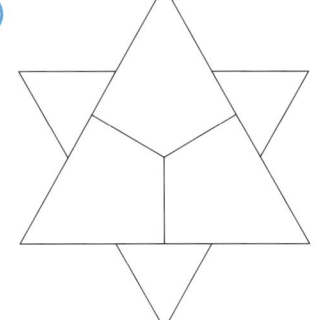　　e) 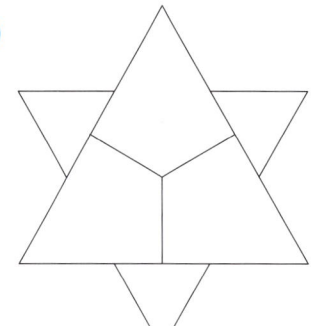　　f)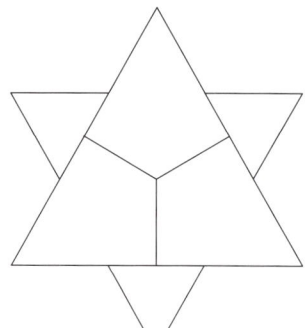

g) 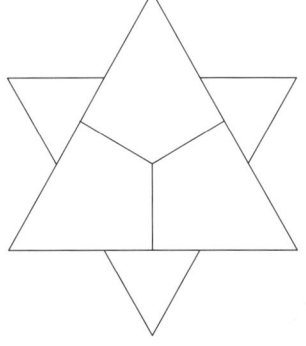　　h) 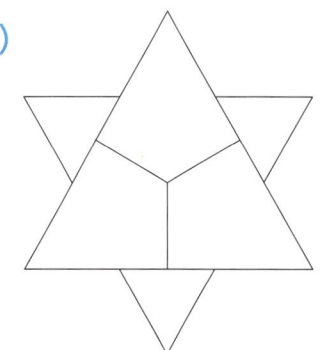　　i)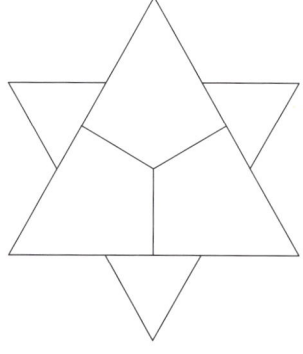

Einmaleins üben (2)

① Rechne die Malaufgaben.

a) 7 · 0 = ☐   b) 9 · 6 = ☐   c) 3 · 9 = ☐   d) 9 · 2 = ☐

   5 · 8 = ☐   4 · 8 = ☐   8 · 7 = ☐   8 · 6 = ☐

   2 · 3 = ☐   0 · 5 = ☐   7 · 9 = ☐   4 · 5 = ☐

   8 · 5 = ☐   3 · 3 = ☐   2 · 4 = ☐   3 · 9 = ☐

   6 · 8 = ☐   9 · 8 = ☐   6 · 9 = ☐   2 · 6 = ☐

   7 · 4 = ☐   6 · 9 = ☐   3 · 9 = ☐   7 · 8 = ☐

e) 5 · 8 = ☐   f) 7 · 4 = ☐   g) 1 · 0 = ☐   h) 0 · 5 = ☐

   7 · 6 = ☐   6 · 7 = ☐   7 · 4 = ☐   5 · 0 = ☐

   4 · 5 = ☐   5 · 5 = ☐   9 · 7 = ☐   3 · 2 = ☐

   2 · 2 = ☐   4 · 8 = ☐   3 · 5 = ☐   8 · 5 = ☐

   6 · 9 = ☐   3 · 6 = ☐   0 · 8 = ☐   8 · 6 = ☐

   4 · 7 = ☐   8 · 9 = ☐   2 · 3 = ☐   7 · 4 = ☐

② Male alle Ergebniszahlen an:

a) Siebener-Reihe blau   c) Sechser-Reihe grün   e) Dreier-Reihe violett

b) Achter-Reihe rot   d) Vierer-Reihe gelb

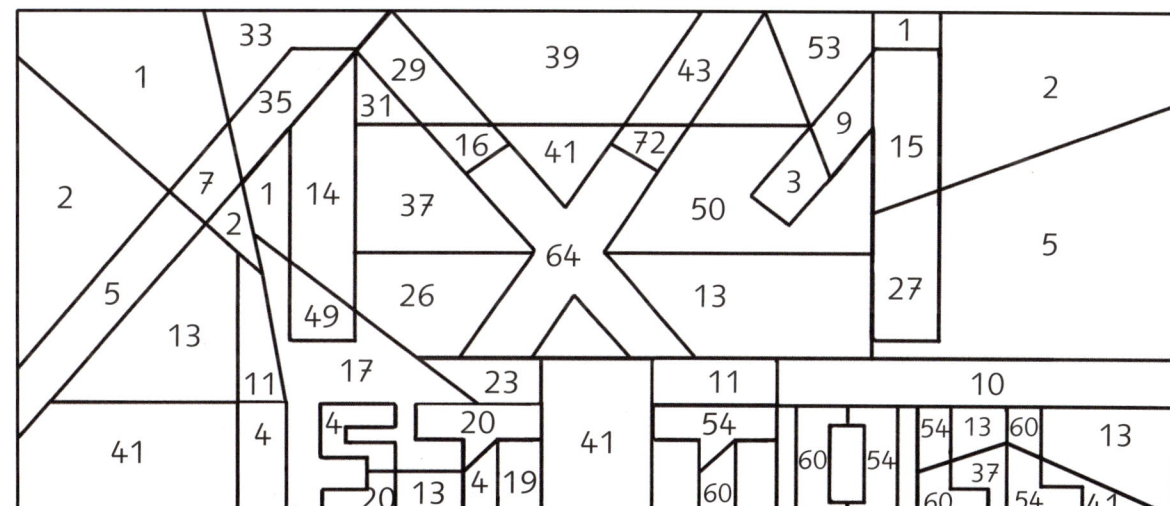

Einmaleins üben (2)

1 Beantworte die Fragen.

a) Wie viele Flügel haben 5 Vögel?

     5 Vögel haben zusammen ____ Flügel.

b) Wie viele Beine haben 3 Kinder?

     3 Kinder haben zusammen ____ Beine.

c) Wie viele Ohren haben 8 Hasen?

     8 Hasen haben zusammen ____ Ohren.

d) Wie viele Zacken haben 6 Sterne?

     6 Sterne haben zusammen ____ Zacken.

e) Wie viele Beine haben 5 Spinnen?

     5 Spinnen haben zusammen ____ Beine.

f) Wie viele Räder haben 8 Autos?

     8 Autos haben zusammen ____ Räder.

g) Wie viele Beine haben 7 Hocker?

     7 Hocker haben zusammen ____ Beine.

h) Wie viele Hände haben 10 Kinder?

     10 Kinder haben zusammen ____ Beine.

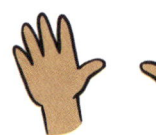

i) Wie viele Beine haben 5 Stühle?

     5 Stühle haben zusammen ____ Beine.

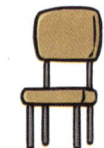

j) Wie viele Schuhe haben 4 Kinder?

     4 Kinder haben zusammen ____ Schuhe.

▶SB 90/91

★★

Name: Datum:

Euro und Cent

① Wie viele Cent sind es?

a)  [ ]   b)  [ ]

c)  [ ]   d)  [ ]

② Wie viele Euro sind es?

a)  [ ]   b)  [ ]

c)  [ ]   d)  [ ]

e)  [ ]   f)  [ ]

③ Nimm nur 20 ct-Münzen.

a)    b)    c)

d) 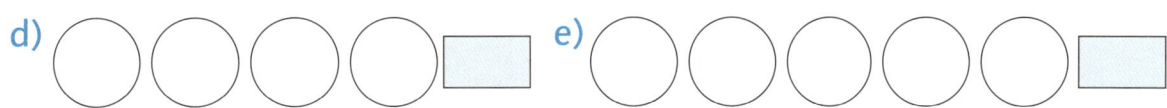   e)

④ Nimm nur 5 ct-Münzen.

a)    b) 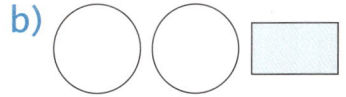   c)

d) 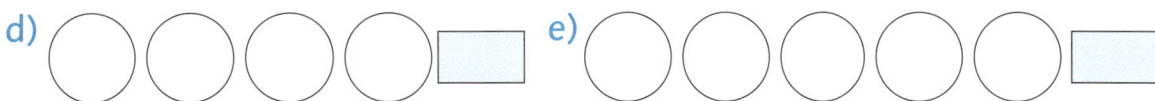   e)

f)

Euro und Cent

1   Immer 50 €.

	1 €	2 €	5	10	20	50	100
a)	—	—	—	—	—	1	—
b)					2	—	—
c)					1	—	—
d)					1	—	—
e)	—	—	—		—	—	—
f)				4	—	—	—
g)						—	—

2   Immer 1 €.

	1 ct	2 ct	5 ct	10 ct	20 ct	50 ct	1 €
a)	—	—	—	—	—		
b)	—	—	—	—	—		—
c)						1	—
d)	—	—	—	—			
e)					4	—	—
f)	—	—	—		—	—	—

3   Immer 30 €. Finde alle Möglichkeiten.

5	10	20
6	—	—
4		

5	10	20

Preise

① Lege mit Rechengeld. Schreibe in die Tabelle.

	Euro	,	Cent
a) 9,50 €	5€ 2€ 2€		50ct
b) 12,45 €			
c) 51,25 €			
d) 4,05 €			
e) 0,99 €			
f) 10,00 €			

② Finde den Preis.

	Euro	,	Cent		Preis
a)	20 20 1€		10 5		_____
b)	2€ 2€		50 50 2		
c)	20 10 1€		20 10 5		

③ Vergleiche. < oder = oder >?

a)   6,01 € < 6,10 €   b) 17,60 € ○ 17,06 €   c) 20,20 € ○ 20,02 €

    45,98 € ○ 45,97 €   37,00 € ○ 73,00 €   81,81 € ○ 81,81 €

▶SB 96

★

Name: _____   Datum: _____

Preise

1 Lege mit Rechengeld. Nimm so wenig Scheine und Münzen
wie möglich. Schreibe in die Tabelle.

	Euro	,	Cent
a) 50,13 €	50 €		10ct 2ct 1ct
b) 51,03 €			
c) 51,30 €			
d) 40,25 €			
e) 42,05 €			

2 a)
 15 €    16 €

Ein Radiergummi

kostet _____.

Ein Buntstift-Kasten

kostet _____.

b)
 43 €    39 €

Eine Ritterburg

kostet _____.

Eine Tüte mit Rittern

kostet _____.

c) Finde eine eigene Aufgabe.

_____

kostet _____.

_____

kostet _____.

▶ SB 96

Name: Datum:

Einkaufen

 Gummi-bärchen 1 ct    Lakritz 4 ct    Lutsch-stangen 6 ct

 Bonbon 2 ct    Kaugummi 5 ct   Lolli 10 ct

①

1	2	3	4	5	6	7	8	9	10
1 ct									

1	2	3	4	5	6	7	8	9	10
2 ct									

1	2	3	4	5	6	7	8	9	10
4 ct									

1	2	3	4	5	6	7	8	9	10

1	2	3	4	5	6	7	8	9	10

1	2	3	4	5	6	7	8	9	10

②   a) Natalia kauft ein. Sie bezahlt genau .

     Skizze: Lösung:

     b) Was möchtest du für kaufen?

     Skizze: Lösung:

▸ SB 98

★

Name: Datum:

Einkaufen

       10 €    15 €    20 €

5 €

a) Lisa hat ein Auto und ein Buch gekauft.

Sie hat  zurückbekommen.

Welchen Schein hatte sie?   Lösung:

Lisa hatte einen _____ €-Schein.

b) Momo hat einen Fußball und ein Buch gekauft.

Er hat ⎢ 20 ⎢ zurückbekommen.

Welchen Schein hatte er?   Lösung:

Momo hatte einen _____ €-Schein.

---

2   Du hast 20 Euro. Was kannst du einkaufen?
Finde alle Möglichkeiten.

20	🚗 👧	5 € + 15 €
20		
20		
20		
20		
20		

Sonderangebote

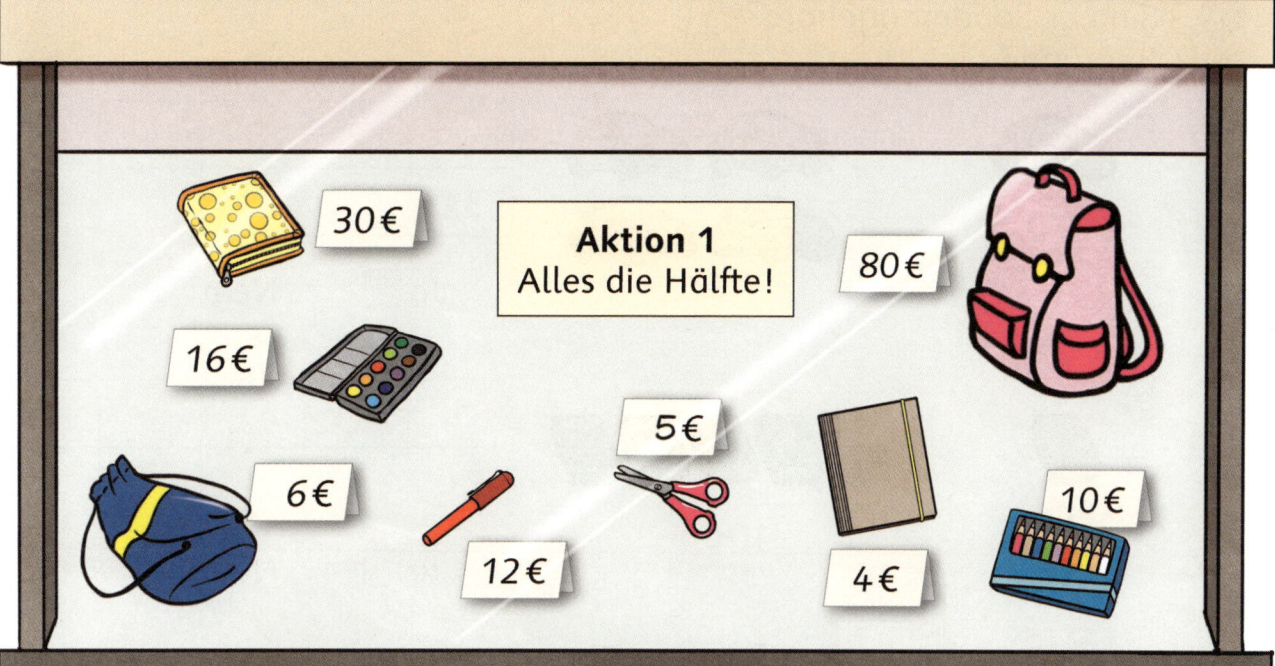

① **Wo ist es billiger?**

Aktion 1								
Aktion 2								

Sonderangebote

1   Sind es Sonderangebote?
Begründe.

a)

   3 €      10 €

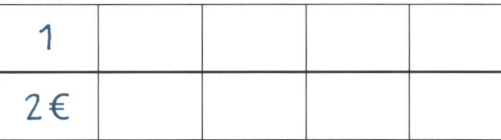

1	2	3	4
3 €			

Ja ☐   Nein ☐

b)

2 €   10 €

1			
2 €			

Ja ☐   Nein ☐

c)

   15 €   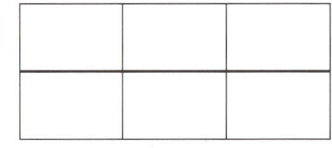   50 €

Ja ☐   Nein ☐

d)

   8 €   18 €

Ja ☐   Nein ☐

e)

   12 €      15 €

Ja ☐   Nein ☐

f)

   8 €      18 €

Ja ☐   Nein ☐

Name: Datum:

Teilen

① a)

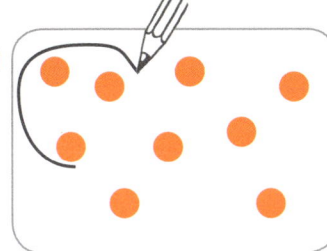

$9 : 3 = \square$

b)

$15 : 3 = \square$

c)

$18 : 6 = \square$

d)

$21 : 7 = \square$

e)

$16 : 2 = \square$

f)

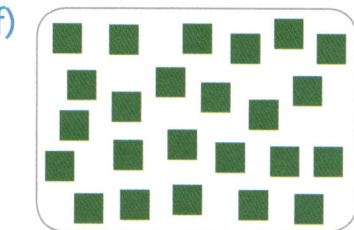

$24 : 6 = \square$

g)

$16 : 4 = \square$

h)

$14 : 7 = \square$

i)

$25 : 5 = \square$

② Male und kreise ein.

a)

$10 : 5 = \square$

b)

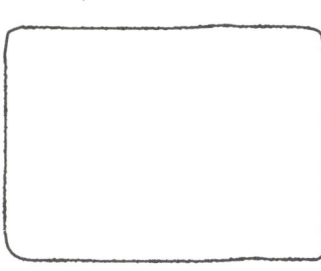

$12 : 3 = \square$

c)

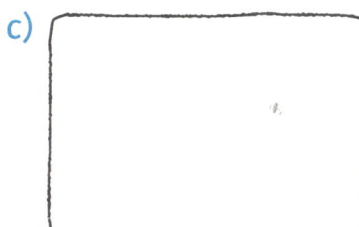

$15 : 5 = \square$

d)

$14 : 2 = \square$

e)

$16 : 8 = \square$

f)

$20 : 4 = \square$

▶ SB 102/103

★

Teilen

① Male und kreise ein.

a)

12 : 3 = ☐

b)

12 : 4 = ☐

c)

12 : 6 = ☐

d)

24 : 6 = ☐

e)
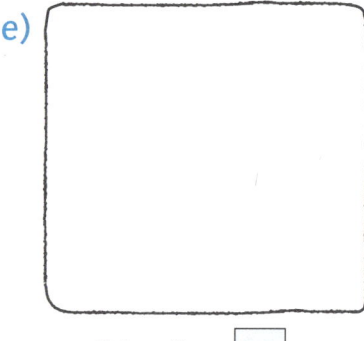

24 : 8 = ☐

f)

24 : 4 = ☐

●

② Finde verschiedene Aufgaben.

a)
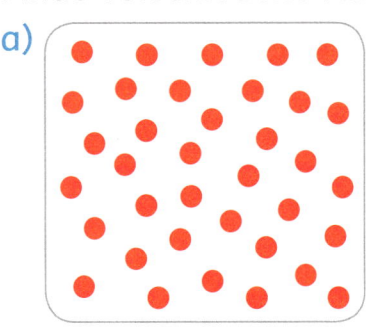

36 : ☐ = ☐

b)
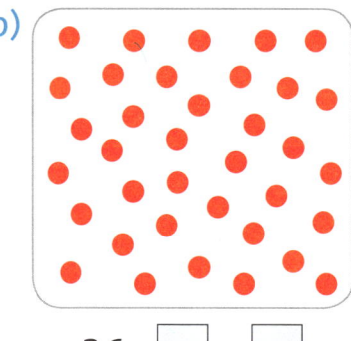

36 : ☐ = ☐

c)
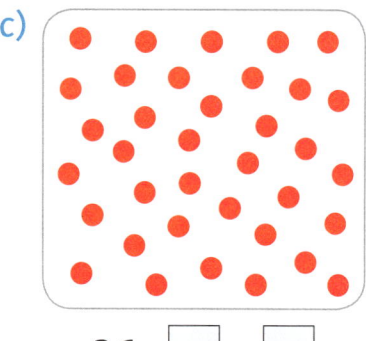

36 : ☐ = ☐

●

③ Finde Aufgaben mit dem Ergebnis 6.

a)

☐ : ☐ = 6

b)

☐ : ☐ = 6

c)

☐ : ☐ = 6

Rechengeschichten

① a) Verteile 20 Luftballons
an 4 Kinder.

20 : 4 = ☐
Jedes Kind bekommt

_____ Luftballons.

b) Verteile 12 Luftballons
an 3 Kinder.

12 : 3 = ☐
Jedes Kind bekommt

_____ Luftballons.

c) Verteile 15 Luftballons
an 3 Kinder.

15 : 3 = ☐
Jedes Kind bekommt

_____ Luftballons.

d) Verteile 16 Luftballons
an 4 Kinder.

☐ : ☐ = ☐
Jedes Kind bekommt

_____ Luftballons.

e) Verteile 14 Luftballons
an 2 Kinder.

☐ : ☐ = ☐
Jedes Kind bekommt

_____ Luftballons.

► SB 102/103

Rechengeschichten

① Was gehört zusammen?
Male Frage und Rechnung in der gleichen Farbe an.
Rechne die Aufgaben aus.

Wie viel kosten 5 Packungen?

Wie viele Schaumküsse hat Timo?

Timo verteilt die Schaumküsse an 3 Kinder.
Wie viele bekommt jedes Kind?

$2 \cdot 9 =$ ☐

$18 : 3 =$ ☐

Wie viele € hat Timo bezahlt?

$5 - 4 =$ ☐

Timo bezahlt mit einem 5 €-Schein.
Wie viele € hat er noch?

$5 \cdot 2 =$ ☐

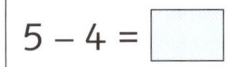
$2 \cdot 2 =$ ☐

---

② Erfinde eine Rechengeschichte zu der Aufgabe.
Male ein Bild oder schreibe die Geschichte auf.

a) $21 : 3 =$ ☐

b) $32 : 4 =$ ☐

Teilen mit Rest

① Kreise ein.

a)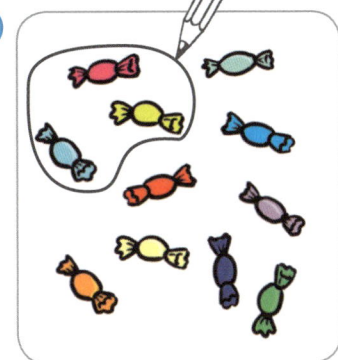

11 : 3 = ☐ R ☐

Es bleiben ＿＿
Bonbons übrig.

b)

16 : 3 = ☐ R ☐

Es bleibt ＿＿
Bonbon übrig.

c)

20 : 3 = ☐ R ☐

Es bleiben ＿＿
Bonbons übrig.

d)

21 : 4 = ☐ R ☐

Es bleibt ＿＿
Bonbon übrig.

e)

17 : 5 = ☐ R ☐

Es bleiben ＿＿
Bonbons übrig.

f)

21 : 6 = ☐ R ☐

Es bleiben ＿＿
Bonbons übrig.

②

a) 17 : 2 = ☐ R ☐

b) 17 : 3 = ☐ R ☐

c) 17 : 4 = ☐ R ☐

d) 17 : 5 = ☐ R ☐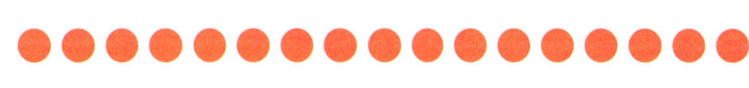

e) 17 : 6 = ☐ R ☐

f) 17 : 7 = ☐ R ☐

Teilen mit Rest

① Rechne die Entdeckerpäckchen.

a) 13 : 4 = ☐ R ☐   b) 13 : 3 = ☐ R ☐   c) 16 : 5 = ☐ R ☐

14 : 4 = ☐ R ☐   16 : 3 = ☐ R ☐   17 : 5 = ☐ R ☐

15 : 4 = ☐ R ☐   19 : 3 = ☐ R ☐   18 : 5 = ☐ R ☐

②

a) 25 : 5 = ☐ R ☐   b) 14 : 4 = ☐ R ☐

26 : 5 = ☐ R ☐   18 : 4 = ☐ R ☐

27 : 5 = ☐ R ☐   22 : 4 = ☐ R ☐

☐ : ☐ = ☐ R ☐   ☐ : ☐ = ☐ R ☐

☐ : ☐ = ☐ R ☐   ☐ : ☐ = ☐ R ☐

c) 26 : 6 = ☐ R ☐   d) ☐ : ☐ = ☐ R ☐

27 : 6 = ☐ R ☐   ☐ : ☐ = ☐ R ☐

28 : 6 = ☐ R ☐   ☐ : ☐ = ☐ R ☐

☐ : ☐ = ☐ R ☐   ☐ : ☐ = ☐ R ☐

☐ : ☐ = ☐ R ☐   ☐ : ☐ = ☐ R ☐

③ Finde Aufgaben mit Rest.

Rest 1	Rest 2	Rest 3
22 : 7 = 3 R 1		

Umkehraufgaben und Aufgabenfamilien

① Finde die Umkehraufgabe. Kreise ein.

a)

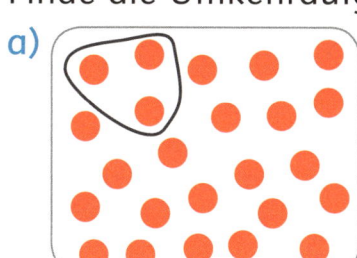

$24 : 3 = \boxed{}$

$\boxed{} \cdot 3 = \boxed{24}$

b)

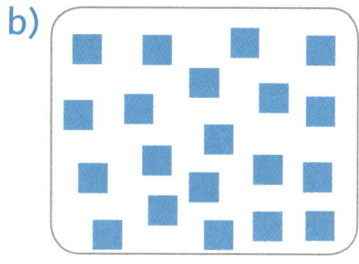

$20 : 5 = \boxed{}$

$\boxed{} \cdot 5 = \boxed{}$

c)

$27 : 3 = \boxed{}$

$\boxed{} \cdot 3 = \boxed{}$

② Finde die Umkehraufgabe. Rechne.

a) $18 : 3 = \boxed{}$

$\boxed{} \cdot \boxed{} = \boxed{}$

b) $30 : 6 = \boxed{}$

$\boxed{} \cdot \boxed{} = \boxed{}$

c) $24 : 3 = \boxed{}$

$\boxed{} \cdot \boxed{} = \boxed{}$

d) $70 : 7 = \boxed{}$

$\boxed{} \cdot \boxed{} = \boxed{}$

e) $36 : 9 = \boxed{}$

$\boxed{} \cdot \boxed{} = \boxed{}$

f) $14 : 2 = \boxed{}$

$\boxed{} \cdot \boxed{} = \boxed{}$

③ Finde alle 4 Aufgaben.

a)

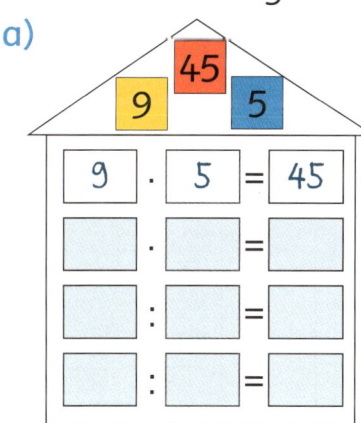

45   9   5

$9 \cdot 5 = 45$

$\boxed{} \cdot \boxed{} = \boxed{}$

$\boxed{} : \boxed{} = \boxed{}$

$\boxed{} : \boxed{} = \boxed{}$

b)

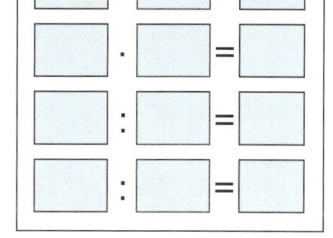

72   8   9

$\boxed{} \cdot \boxed{} = \boxed{}$

$\boxed{} \cdot \boxed{} = \boxed{}$

$\boxed{} : \boxed{} = \boxed{}$

$\boxed{} : \boxed{} = \boxed{}$

c)

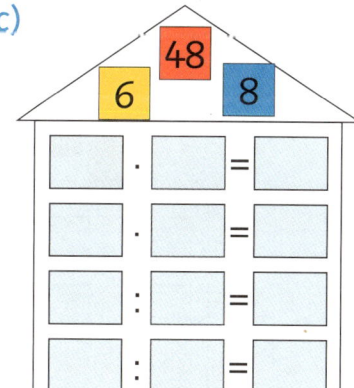

48   6   8

$\boxed{} \cdot \boxed{} = \boxed{}$

$\boxed{} \cdot \boxed{} = \boxed{}$

$\boxed{} : \boxed{} = \boxed{}$

$\boxed{} : \boxed{} = \boxed{}$

④ a)

25   5   5

$\boxed{} \cdot \boxed{} = \boxed{}$

$\boxed{} : \boxed{} = \boxed{}$

b)

49   7   7

$\boxed{} \cdot \boxed{} = \boxed{}$

$\boxed{} : \boxed{} = \boxed{}$

c)

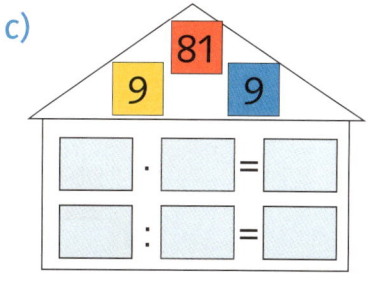

81   9   9

$\boxed{} \cdot \boxed{} = \boxed{}$

$\boxed{} : \boxed{} = \boxed{}$

▶ SB 105/106

Umkehraufgaben und Aufgabenfamilien

① Male Aufgabe und Umkehraufgabe in der gleichen Farbe an.

4 · 6 = ☐   4 · 8 = ☐   24 : 6 = ☐   4 · 7 = ☐

3 · 9 = ☐   10 · 5 = ☐   50 : 5 = ☐

27 : 9 = ☐   28 : 7 = ☐   32 : 8 = ☐

②
a)
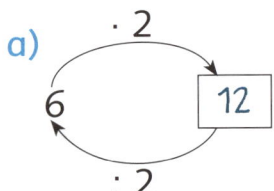
· 2
6 → 12
: 2

b)
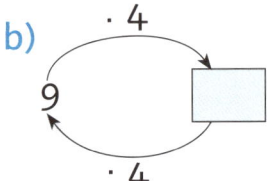
· 4
9 → ☐
: 4

c)
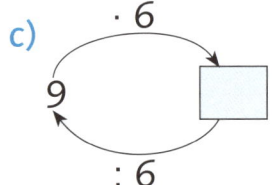
· 6
9 → ☐
: 6

d)
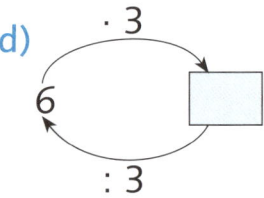
· 3
6 → ☐
: 3

e)
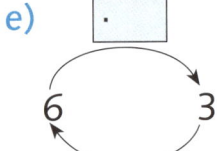
·
6 → 30
:

f)
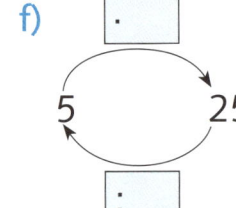
·
5 → 25
:

g)
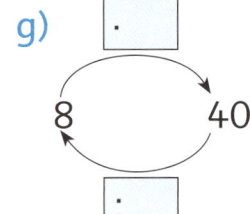
·
8 → 40
:

h)
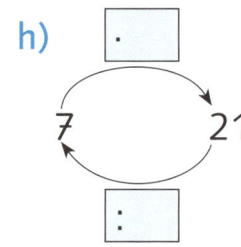
·
7 → 21
:

③ Welche Zahlen gehören ins Haus? Finde alle 4 Aufgaben.

a) 40 10 8 4
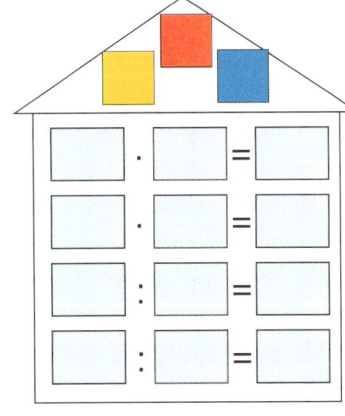

b) 24 6 8 4
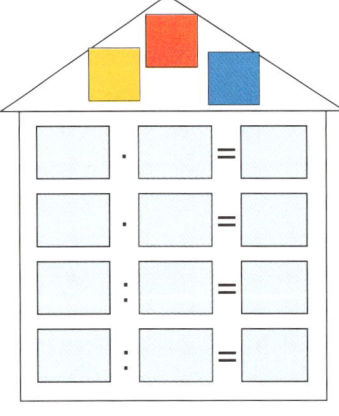

c) 42 6 8 7
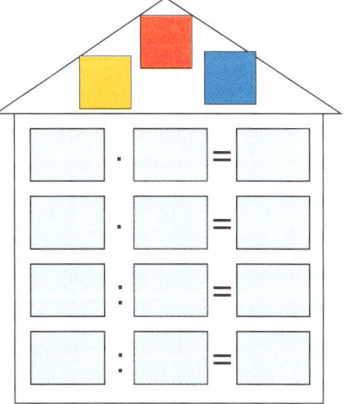

④ Welche Zahlen fehlen im Dach?

a)
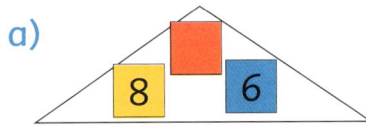
8   6

b)

28
7

c)

45
9

Zahlenrätsel

① a)

Ich nehme die Zahl 20.
Ich teile die Zahl 20 durch 5.

$20 : 5 =$

$\cdot\ 5 =$

b)

Ich nehme die Zahl 36.
Ich teile die Zahl 36 durch 6.

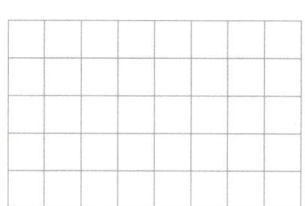

c)

Ich nehme die Zahl 24.
Ich teile die Zahl 24 durch 3.

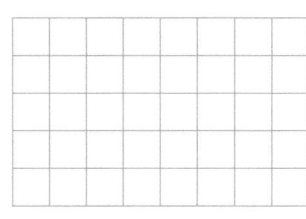

d)

Ich nehme die Zahl 12.
Ich teile die Zahl 12 durch 4.

e)

Ich nehme die Zahl 40.
Ich teile sie durch 8.

f)

Ich nehme die Zahl 18.
Ich teile sie durch 6.

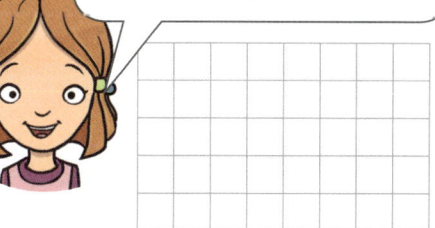

g)

Ich nehme die Zahl 36.
Ich teile sie durch 4.

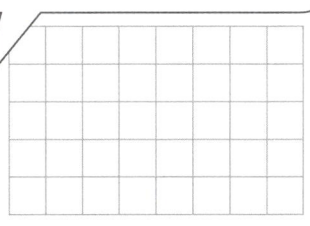

h)

Ich nehme die Zahl 28.
Ich teile sie durch 7.

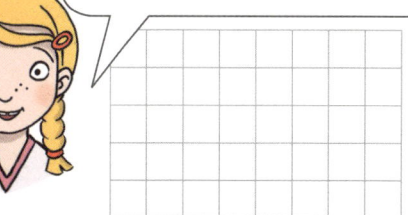

Zahlenrätsel

 a) $\boxed{28} : 4 = 7$ b) $60 : \square = 6$ c) $\square : 8 = 2$

     $\square : 10 = 4$ $16 : \square = 4$ $30 : \square = 6$

     $\square : 6 = 5$ $35 : \square = 5$ $\square : 6 = 6$

     $\square : 2 = 7$ $18 : \square = 2$ $50 : \square = 5$

 a)

> Ich denke mir **eine Zahl**.
> Ich teile **sie** durch 3.
> Das Ergebnis ist 7.

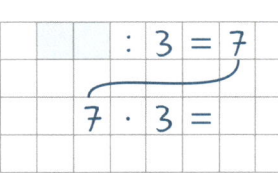

$: 3 = 7$

$7 \cdot 3 =$

b)

> Ich nehme **die Zahl 25**.
> Ich teile **sie** durch
> eine andere Zahl.
> Das Ergebnis ist 5.

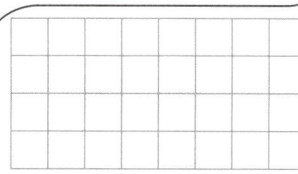

c)

> Ich denke mir **eine Zahl**.
> Ich teile **sie** durch 8.
> Das Ergebnis ist 6.

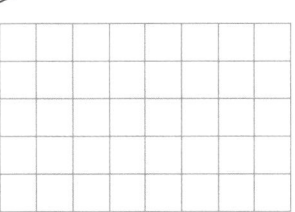

d)

> Ich nehme **die Zahl 54**.
> Ich teile **sie** durch
> eine andere Zahl.
> Das Ergebnis ist 9.

③ Schreibe ein Zahlenrätsel zu der Aufgabe.

a) $\square : 7 = 5$

> Ich denke mir **eine Zahl**.
> Ich teile **sie** durch ____.
> Das Ergebnis ist ____.

b) $\square : 8 = 6$

_____

_____

_____

_____

Meter und Zentimeter

① Misst du in Meter oder Zentimeter?
Schreibe die Gegenstände in die Tabelle.

der Baum

der Bus

die Schere

das Haus

der  Radiergummi

das Buch

der Bleistift

Meter (m)	Zentimeter (cm)

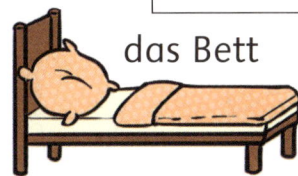

das Bett

der Anspitzer

das Auto

② Meter oder Zentimeter?
Wie groß sind diese Gegenstände?

   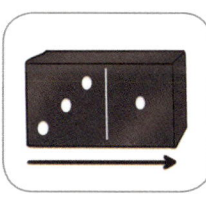 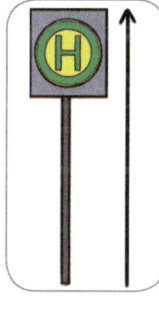

11 _____   70 _____   31 _____   4 _____   3 _____

③ Schreibe Gegenstände auf, die ungefähr so lang sind.

a) 2 cm _____

b) 2 m _____

c) 50 cm _____

d) 4 m _____

e) 10 cm _____

▶ SB 113

★

Meter und Zentimeter

 Miss mit dem Maßband.

a)
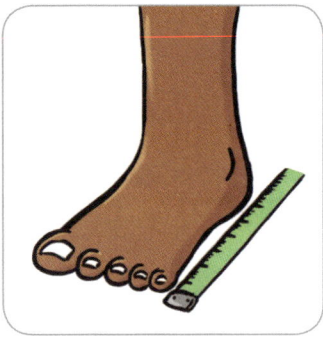

deine Fußlänge

____ cm

b)

deine Armspanne

____ cm

c)

dein Fingerumfang

____ cm

d)

dein Kopfumfang

____ cm

e)
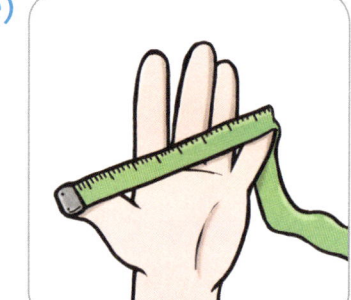

deine Fingerspanne

____ cm

f)

deine Beinlänge

____ cm

 Vergleiche deine Maße mit einem Partner.

| größer als | kleiner als | genau so groß wie |

Mein Fuß ist ____ cm _____ der Fuß von _____ .

_____

_____

_____

_____

_____

_____

_____

▶ SB 113

★★

Körpergrößen

① Sortiere die Kinder nach der Größe.
Beginne mit dem kleinsten Kind.

Niko: 1 m 27 cm

Maria: 1 m 23 cm

Orhan: 1 m 32 cm

Deniz: 1 m 34 cm

Mark: 1 m 29 cm

Anna: 1 m 26 cm

Name	Größe

② Kreuze an.

	richtig	falsch
Niko ist 2 cm größer als Anna.	☐	☐
Maria ist die Kleinste.	☐	☐
Mark ist 3 cm kleiner als Orhan.	☐	☐
Orhan ist der Größte.	☐	☐
Orhan ist 10 cm größer als Maria.	☐	☐
Deniz ist 2 cm größer als Orhan.	☐	☐
Anna ist 3 cm kleiner als Maria.	☐	☐

③ Schreibe in Meter und Zentimeter.

a) 128 cm = <u>1 m 28 cm</u>

    134 cm = _____

    119 cm = _____

    180 cm = _____

    108 cm = _____

b) 131 cm = _____

    113 cm = _____

    103 cm = _____

    130 cm = _____

     33 cm = _____

Name: _____   Datum: _____

Körpergrößen

Größe 2 Kennfarbe Violett	🟪	Körpergröße 113–127 cm Tischhöhe 52 cm, Sitzhöhe 30 cm
Größe 3 Kennfarbe Gelb	🟨	Körpergröße 128–142 cm Tischhöhe 58 cm, Sitzhöhe 34 cm
Größe 4 Kennfarbe Rot	🟥	Körpergröße 143–157 cm Tischhöhe 64 cm, Sitzhöhe 38 cm
Größe 5 Kennfarbe Grün	🟩	Körpergröße 158–172 cm Tischhöhe 70 cm, Sitzhöhe 42 cm
Größe 6 Kennfarbe Blau	🟦	Körpergröße ab 173 cm Tischhöhe 76 cm, Sitzhöhe 46 cm

Niko: 1 m 27 cm

Maria: 1 m 23 cm

Til: 1 m 40 cm

Deniz: 1 m 34 cm

Mark: 1 m 29 cm

Nele: 1 m 39 cm

Jakob: 1 m 43 cm

Orhan: 1 m 32 cm

① Welche Tische und Stühle brauchen die Kinder?
Sortiere die Kinder nach der Größe. Beginne mit dem kleinsten Kind.

Name	Körpergröße	Kennfarbe

② Kreuze an.

	richtig	falsch
Die meisten Kinder haben die Kennfarbe Gelb.	☐	☐
4 Kinder haben die Kennfarbe Violett.	☐	☐
Die Kennfarbe Grün gibt es gar nicht.	☐	☐
Til hat die Kennfarbe Rot.	☐	☐
Niko und Deniz haben die Kennfarbe Gelb.	☐	☐

▶SB 114/115

★★

Name: _____ Datum: _____

Rechnen mit Längen

① Sortiere die Längen.
Beginne mit der kleinsten Länge.

a)
| 91 cm | 1 cm | 90 cm | 19 cm | 99 cm | 9 cm |

1 cm < _____ < _____

b)
| 2 m | 100 cm | 22 cm | 21 cm | 2 cm | 20 cm |

_____

c)
| 5 m | 4 cm | 45 cm | 5 cm | 54 cm | 4 cm |

_____

② Vergleiche die Längen.
Setze <, > oder = ein.

a) 54 cm ⟩ 45 cm   b) 10 m ◯ 10 cm   c) 82 cm ◯ 28 cm

36 cm ◯ 63 cm   1 m ◯ 1 cm   88 cm ◯ 8 cm

42 cm ◯ 24 cm   10 cm ◯ 1 cm   22 cm ◯ 88 cm

64 cm ◯ 46 cm   1 m ◯ 100 cm   182 cm ◯ 2 m

③ Zusammen immer 1 m.
Male immer in der gleichen Farbe an.

30 cm

70 cm

97 cm   73 cm

50 cm

15 cm

82 cm   18 cm

27 cm   47 cm   53 cm

3 cm

85 cm

20 cm   50 cm   80 cm

 SB 116

★

Rechnen mit Längen

① Zusammen immer 1 m.
Male immer drei Längen in der gleichen Farbe an.

| 30 cm |
60 cm	90 cm	3 cm
		40 cm	20 cm
21 cm	25 cm	10 cm
		25 cm
45 cm	50 cm	39 cm
7 cm	35 cm

② Zusammen immer 1 m.

a)

1 m

45 cm	55 cm
17 cm	
	63 cm
26 cm	
84 cm	
32 cm	

b)

1 m

53 cm	
9 cm	
	41 cm
78 cm	
28 cm	
93 cm	

c)

1 m

67 cm	
25 cm	
	66 cm
98 cm	
38 cm	
51 cm	

③ Teile eine Meterschnur in gleich große Teile.

Meterschnur	Wie viele Teile?	Jedes Teil ist …
———————————————————	1 Teil	
—————————✂——————————	2 Teile	50 cm lang.
— — — — — — —		
— — — — — —		
— — — — — — — —		

Längen messen und zeichnen

① Zwei Stifte sind immer gleich lang.
Male sie in der gleichen Farbe an.

② Zeichne mit dem Lineal.

    a)   4 cm   ├──────────────┤

    b)   6 cm

    c) 12 cm

    d)   8 cm

    e)   2 cm

    f) 10 cm

    g)   9 cm

③ Wie geht es weiter? Zeichne mit dem Lineal.

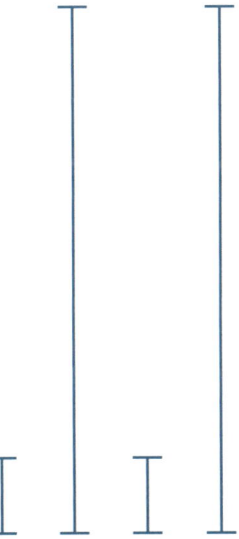

► SB 117

★

Längen messen und zeichnen

1 Wie geht es weiter? Zeichne mit dem Lineal.

a)

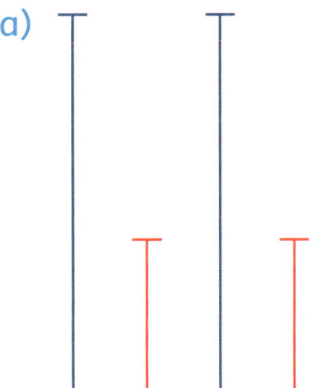

b)

___

2 a) Erfinde eine eigenes Muster.
Zeichne mit dem Lineal.

b) Beschreibe dein Muster.

_____

_____

_____

Geometrische Körper

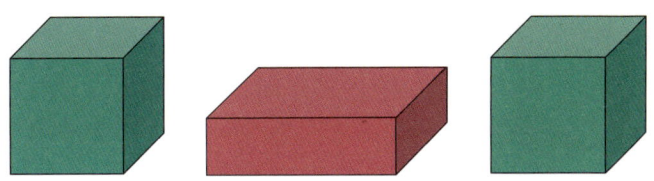

① Kreuze die richtigen Sätze an.

Ein Würfel hat 6 quadratische Flächen. ☐

Ich sehe zwei Würfel und einen Quader. ☐

Ein Quader hat 6 Flächen. ☐

Der Würfel liegt zwischen zwei Quadern. ☐

Ein Quader hat 6 quadratische Flächen. ☐

Der Würfel hat 8 Ecken und 12 Kanten. ☐

Der Quader liegt zwischen zwei Würfeln. ☐

Der Quader hat 8 Ecken und 12 Kanten. ☐

② Wie geht das Muster weiter?
Beschreibe.

a)

_____

_____

_____

b)

_____

_____

_____

Geometrische Körper

① **a)** Wie geht es weiter?
Bechreibe.

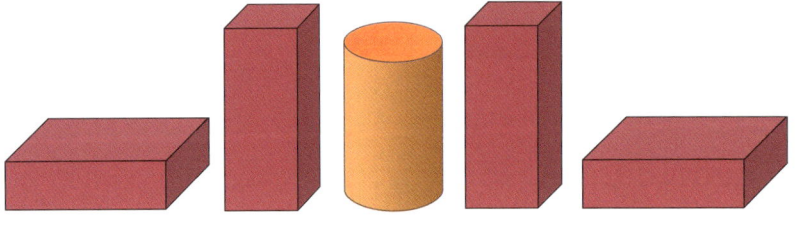

_____

_____

_____

b) Schreibe und male ein eigenes Muster.

_____

_____

_____

② Kreuze die richtigen Sätze an.

Es gibt nur Quader mit
rechteckigen Flächen. ☐

Es gibt Quader mit rechteckigen
und quadratischen Flächen. ☐

Es gibt Quader mit nur
quadratischen Flächen. ☐

▶SB 120

Bauen mit Würfeln (1)

① **a)** Baue mit 4 Würfeln verschiedene Würfelgebäude.
Schreibe immer einen Bauplan dazu.

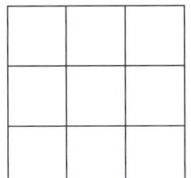 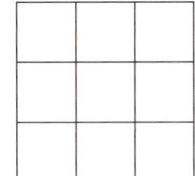 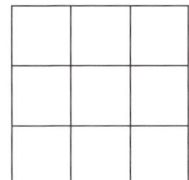 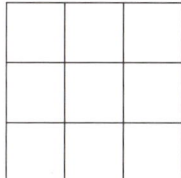

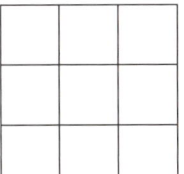 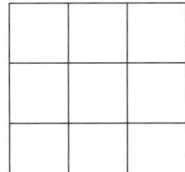  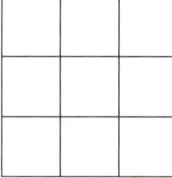

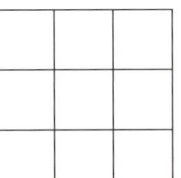 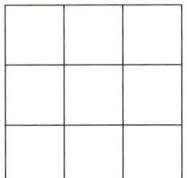 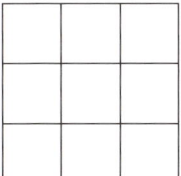 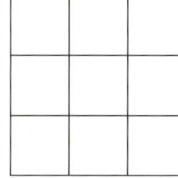

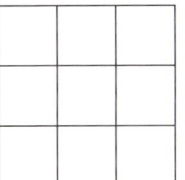 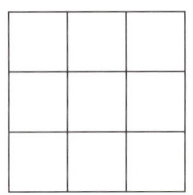 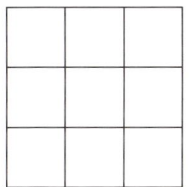 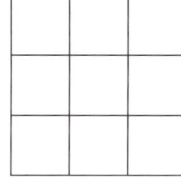

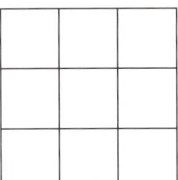 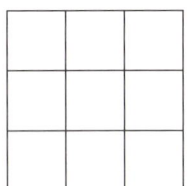 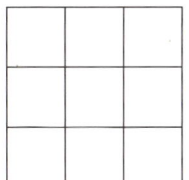 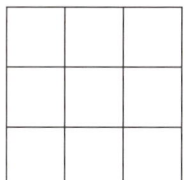

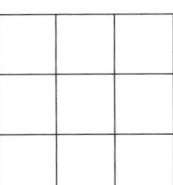 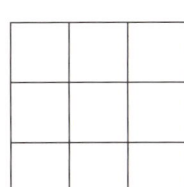 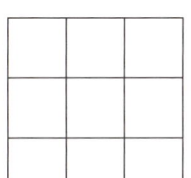 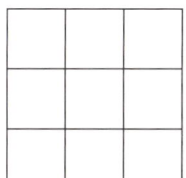

 b) Vergleiche die Würfelgebäude und Baupläne.

▸ SB 121–123

Bauen mit Würfeln (1)

1   Baue mit 6 Würfeln immer ein anderes Würfelgebäude.
Schreibe immer den Bauplan dazu.

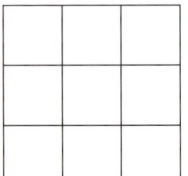 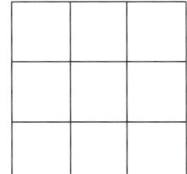 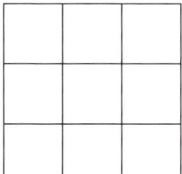 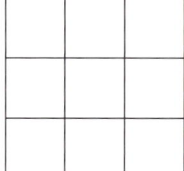

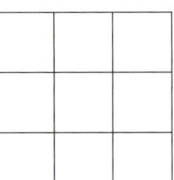 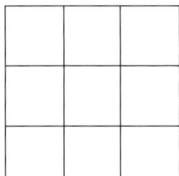 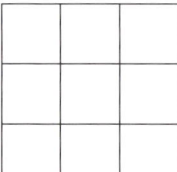 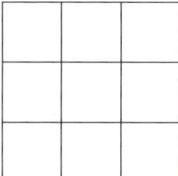

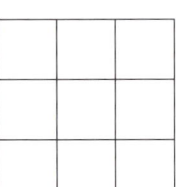 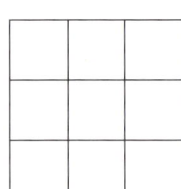 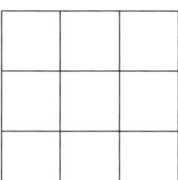 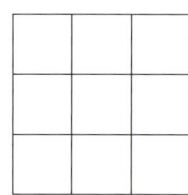

2   Sortiere die Baupläne.
Hast du alle Möglichkeiten gefunden? Begründe.

_____

_____

_____

_____

_____

_____

_____

3   Vergleiche deine sortierten Würfelgebäude
und Baupläne.

Bauen mit Würfeln (2)

① **a)** Das Würfelgebäude wird immer größer.
Wie geht es weiter? Male.

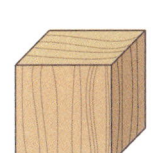 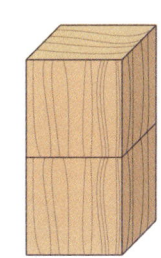 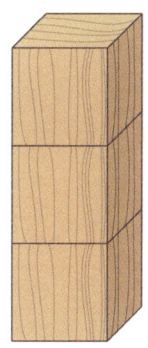

1. Würfelgebäude   2. Würfelgebäude   3. Würfelgebäude   4. Würfelgebäude

b) Schreibe in die Tabelle.

Würfelgebäude	1	2	3	4
Wie viele Würfel?	1			

② Baue eine eigene Würfelgebäude-Reihe.
Schreibe den Bauplan und eine Tabelle dazu.

 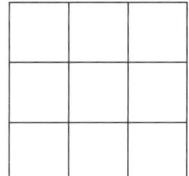 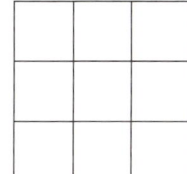 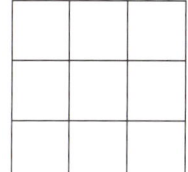

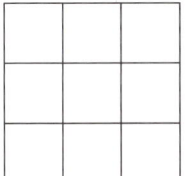 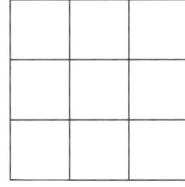 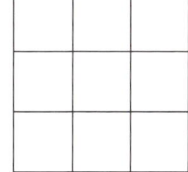 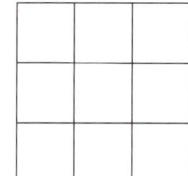

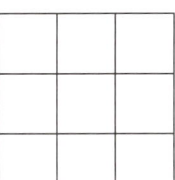 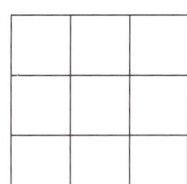 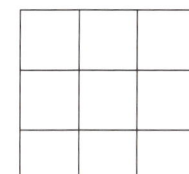 

Würfelgebäude	1	2	3	4	5	6	7	8
Wie viele Würfel?								

▶ SB 121–123

Bauen mit Würfeln (2)

 a) Das Würfelgebäude wird immer größer.
Wie geht es weiter? Male.

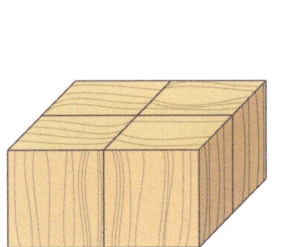 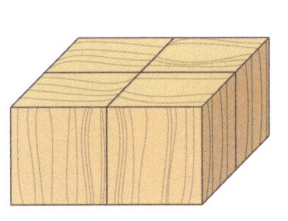 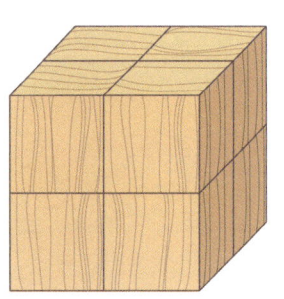 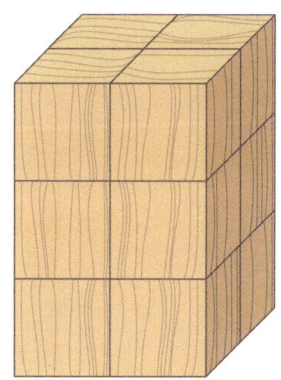

1. Würfelgebäude   2. Würfelgebäude   3. Würfelgebäude   4. Würfelgebäude

b) Schreibe in die Tabelle.

Würfelgebäude	1	2	3	4
Wie viele Würfel?				

c) Wie viele Würfel hat das 5. Würfelgebäude?

_____ Würfel

d) Was entdeckst du?

_____

_____

_____

_____

_____

_____

e) Hat das 7. Würfelgebäude 28 Würfel?
Begründe.

_____

_____

_____

Name: Datum:

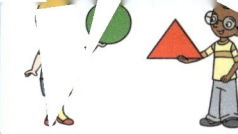

Sechslinge

① Aus welchen Sechslingen kannst du einen Würfel falten?
Male die Sechslinge an.

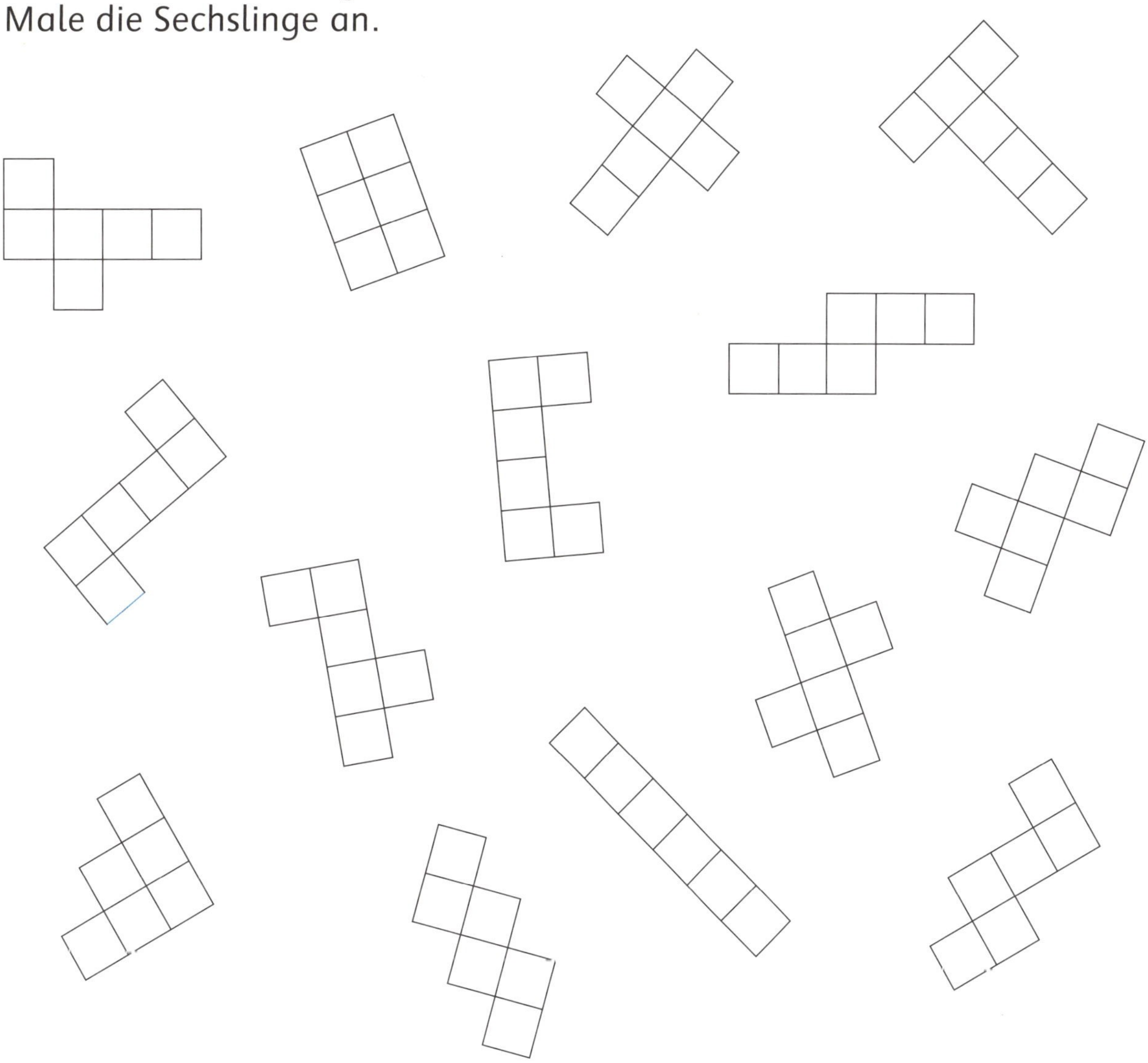

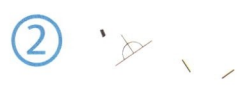

② die beiden Sechslinge.
slinge gleich oder verschieden? Begründe.

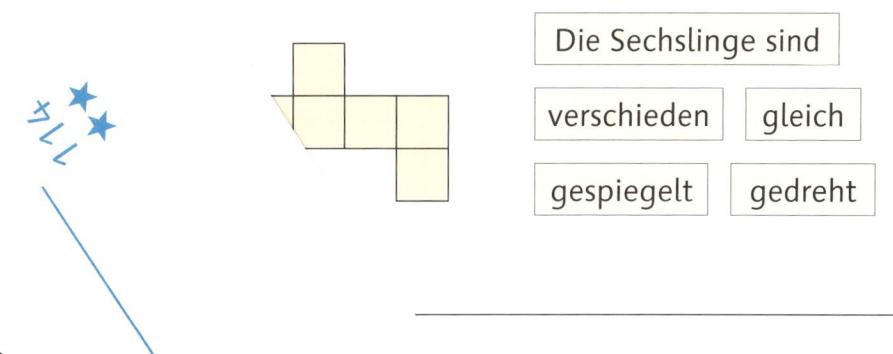

Die Sechslinge sind

verschieden | gleich

gespiegelt | gedreht

Sechslinge

① Vergleiche die beiden Sechslinge.
Sind die Sechslinge gleich oder verschieden? Begründe.

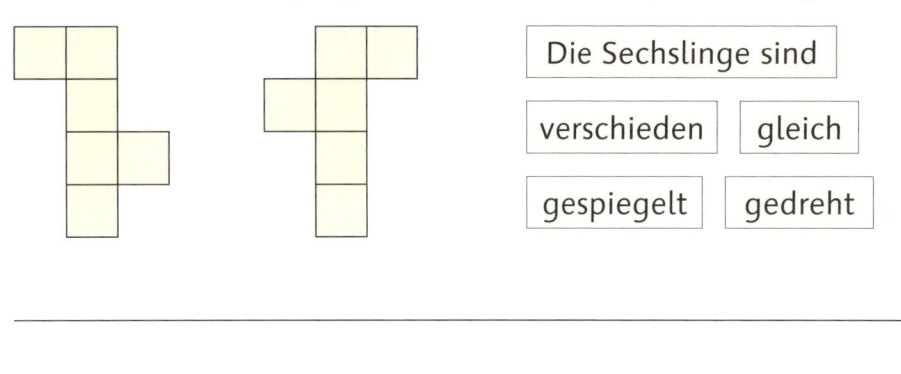

| Die Sechslinge sind |
| verschieden   gleich |
| gespiegelt   gedreht |

_____

_____

_____ ●

_____

---

② Die gegenüberliegenden Seiten sind gleich.

a) Überprüfe.

b) Erkläre, wie du gearbeitet hast.

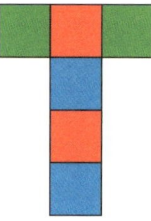

_____

_____

_____ ●

c) Male eigene Muster in die Sechslinge.

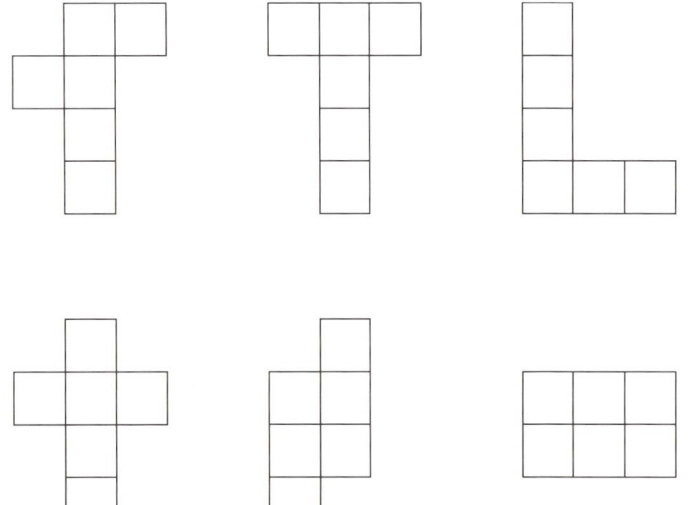

Rechengeschichten (1)

① Erzähle Geschichten zum Bild.

② Kannst du diese Fragen beantworten?
Kreuze an.

	Antwort	
	ja	nein
Wie viel kostet der Eintritt für Kinder?	☐	☐
Wann schließt das Freibad?	☐	☐
Kann Mia im Schwimmbecken stehen?	☐	☐
Wie viel Euro kostet der Eintritt für Dilara und ihre Eltern?	☐	☐
Wie spät ist es?	☐	☐
Wie warm ist es im Freibad?	☐	☐
Wie hoch ist der Sprungturm?	☐	☐
Ist der Eintritt für Erwachsene teurer als für Kinder?	☐	☐

▶ SB 128

Rechengeschichten (1)

① Erfinde Fragen zum Bild.

_____

_____

_____

_____

_____

② Erfinde Fragen, die du nicht mit dem Bild beantworten kannst.

_____

_____

_____

_____

▶SB 128

Name: Datum:

Rechengeschichten (2)

① Welches Bild passt zu welcher Aufgabe? Verbinde.

Bild	Aufgabe

A

$5 + 3 + 5 + 3$

$7 + 5$

$6 \cdot 2$

$12 - 5$

B
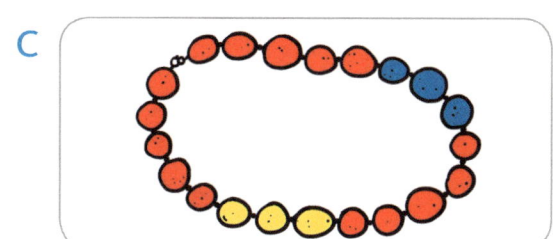

3 mal 5 und 2 mal 3

$2 + 2 + 2 + 2 + 2$

C

5				
3			

$7 - 5$

② Welche Rechengeschichte passt zu welcher Aufgabe? Verbinde.

Rechengeschichte	Aufgabe

A In der Klasse 2a sind 24 Kinder. Wie viele Tische braucht die Klasse?

$2 \cdot 8$

$8 + 7$

$12\,€ - 8\,€$

B Emira möchte ein Buch kaufen. Das Buch kostet 12 €. Emira hat schon 8 € gespart.

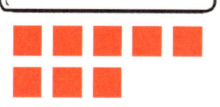

$8 + \square = 12$

C Umut ist 8 Jahre alt. Umuts großer Bruder ist doppelt so alt.

$12 + 12$

$24 : 2$

© 2012 Cornelsen Verlag, Berlin. Alle Rechte vorbehalten.

Rechengeschichten (2)

① Finde zu den Rechengeschichten eigene Aufgaben.

Rechengeschichte	Aufgabe
A Matteo hat 3 € Taschengeld. Ein Paket Fußballsticker kostet 60 ct.	
B In der Klasse 2a sind 20 Kinder. 14 Kinder sind 8 Jahre alt und 3 Kinder sind 7 Jahre alt.	
C Das Haus von Lisa ist 8 m hoch. Das Haus von Momo ist 2 m höher.	
D 14 Kinder sitzen auf einer Bank. Die Hälfte der Kinder geht weg.	

② Schreibe eine eigene Rechengeschichte.
Schreibe eine richtige Aufgabe und eine falsche Aufgabe dazu.

_____

_____

_____

_____

richtige Aufgabe	falsche Aufgabe

Name: _____   Datum: _____

Rechengeschichten (3)

① Finde zu jeder Rechengeschichte die passende Frage und Aufgabe.
Male in der gleichen Farbe an.

Mia kauft ein Spiel für
7,90 €. Sie bezahlt mit
einem 10 €-Schein.

Wie viel Sticker passen
in ein Fußballalbum?

Wie groß ist Emiras Schwester jetzt?

31 cm

1 m 24 cm

Natalia mag Schokoeis,
Erdbeereis und Vanilleeis.
Sie darf sich 2 Kugeln Eis
aussuchen.

Wie viel Geld bekommt Mia zurück?

Welche Möglichkeiten hat Natalia?

$25 + 37 =$ ☐

Emira ist 1 m 24 cm groß.
Emiras Schwester muss noch
31 cm wachsen. Dann ist sie
genauso groß wie Emira.

Matteo hat 25 Fuß-
ballsticker. 37 fehlen
noch. Dann ist das
Fußballalbum voll.

Rechengeschichten (3)

1 Schreibe eine passende Rechengeschichte zur Frage und Aufgabe.

Frage	Aufgabe	Rechengeschichte
Wie alt ist Timos Bruder?	8 + 5	
Wie weit muss Natalia noch schwimmen?	100 m / 77 m ?	
Wie viel Euro bekommt Emira zurück?		

2 Verändere die Rechengeschichte so, dass du mit ihr rechnen kannst.

Umut hat 15 Minuten Hofpause. Wie viele Minuten Pause haben Umut, Timo und Matteo zusammen?

▶SB 131

★★

Informationen entnehmen

Haarfarben in der Klasse 2c

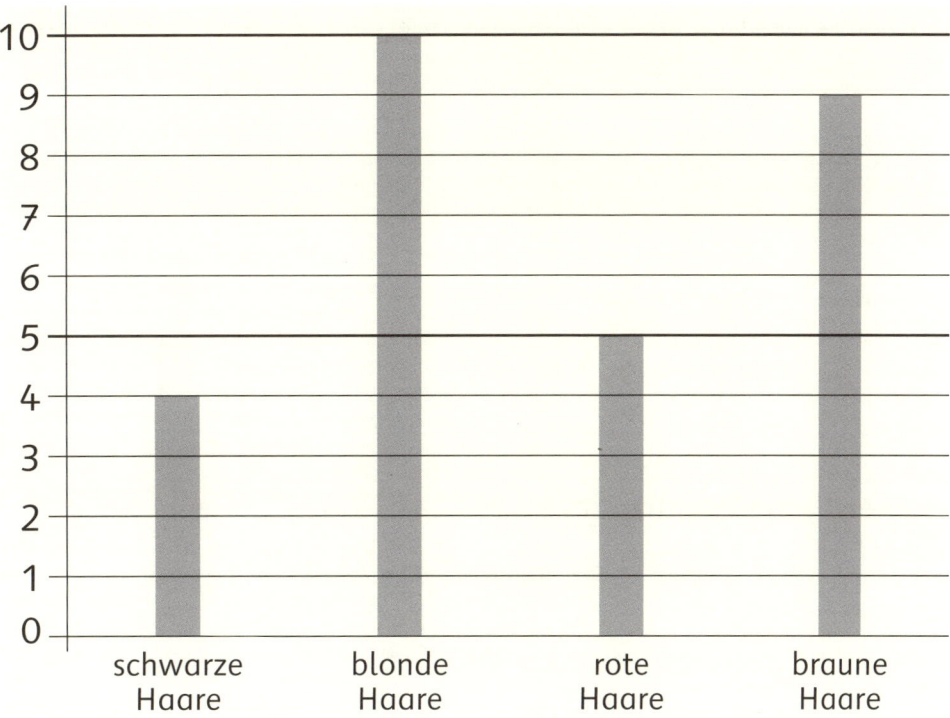

① Ergänze die richtigen Zahlen oder Wörter.

5 Kinder haben _____ Haare.

____ Kinder haben blonde Haare.

____ Kinder haben schwarze Haare.

9 Kinder haben _____ Haare.

____ Kinder haben grüne Haare.

Die meisten Kinder haben _____ Haare.

Die wenigsten Kinder haben _____ Haare.

In der Klasse 2c sind ____ Kinder.

② Fülle die Tabelle aus.
Die Informationen aus Aufgabe 1 helfen dir.

Haarfarbe	blond	schwarz	braun	rot
Anzahl der Kinder	||||			

Informationen entnehmen

Körpergrößen in der Klasse 2 c

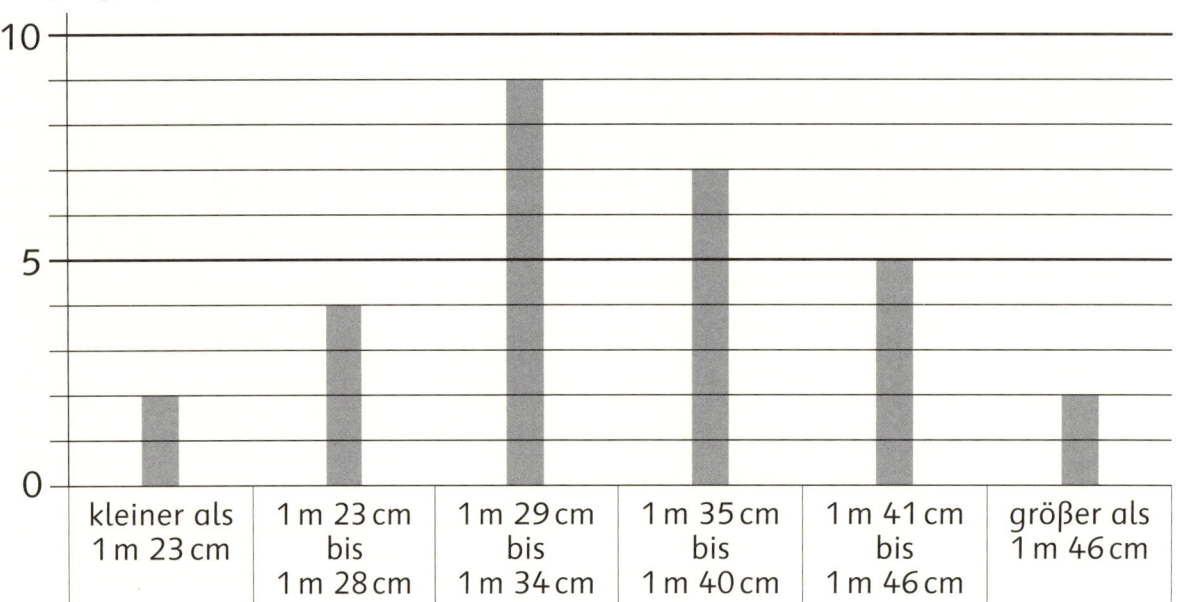

① Ergänze die richtigen Zahlen oder Wörter.

4 Kinder sind _____ .

_____ Kinder sind größer als 1 m 40 cm.

_____ Kinder sind kleiner als 1 m 41 cm.

_____ Kinder sind kleiner als 1 m 23 cm oder größer als 1 m 46 cm.

16 Kinder sind _____ .

_____ Kinder sind zwischen _____ und _____ groß.

Die wenigsten Kinder sind _____ .

Die meisten Kinder sind _____ .

② Ergänze die richtigen Zahlen.

_____ Kinder sind nicht kleiner als 1 m 29 cm
und nicht größer als 1 m 46 cm.

_____ Kinder sind zwischen als 1 m 35 cm und 1 m 88 cm groß.

_____ Kinder sind kleiner als 1 m 60 cm und größer als 1 m.

_____ Kinder sind kleiner als 1 m 30.

_____ Kinder sind älter als 8 Jahre.

Zeitpunkte

① Was machst du zu dieser Uhrzeit?

a)  _____

b)  _____

c)  _____

d)  _____

② Finde passende Uhrzeiten.

a)    b)    c)

_____   _____   _____

③ Beantworte die Fragen.

a) Wann steht Timo auf?

_____

b) Was macht Timo um 15.00 Uhr?

_____

c) Wann beginnt die Schule?

_____

Timo
7.00 Uhr Aufstehen
7.30 Uhr Frühstück
8.00 Uhr Schule
15.00 Uhr Training
18.00 Uhr Fernsehen
19.30 Uhr Schlafen

Zeitpunkte

1   Beantworte die Fragen.

a) Wann beginnt das Turnier?

_____

b) Welche Klassen spielen um 9.30 Uhr?

_____

c) Spielt zuerst das 2. oder 3. Schuljahr?

_____

d) Wie lange dauert das Turnier?

_____

e) Wer ist Sieger?

_____

> **Ablauf Turnier**
> 8.00 Uhr Begrüßung
> 8.30 Uhr Aufwärmtraining
> 9.00 Uhr Klasse 1a gegen Klasse 1b
> 9.30 Uhr Klasse 2a gegen Klasse 2b
> 10.00 Uhr Klasse 3a gegen Klasse 3b
> 10.30 Uhr Klasse 4a gegen Klasse 4b
> 11.00 Uhr Siegerehrung
> 11.30 Uhr Ende Turnier

2   Male Frage und passende Antwort in der gleichen Farbe an.

Wann endet für Umut der Unterricht?	Er fährt um 7.30 Uhr ab.
Wann fährt der Bus ab?	Er geht um 19.30 Uhr ins Bett.
Wann kommt Umut in der Schule an?	Er endet um 13.00 Uhr.
Wann geht Umut ins Bett?	Er kommt um 7.45 Uhr an.

3   Setze fort.

a) 9.00 Uhr, 9.10 Uhr, 9.20 Uhr, _____ , _____ , _____

Regel: _____

b) 10.00 Uhr, 10.15 Uhr, 10.30 Uhr, _____ , _____ , _____

Regel: _____

c) 8.05 Uhr, 8.10 Uhr, 8.15 Uhr, _____ , _____ , _____

Regel: _____

Name: _____   Datum: _____

Zeitspannen

Umuts Wochenplan			
	vormittags	nachmittags	abends
Montag	8.00 Uhr–13.00 Uhr Schule	16.00 Uhr–16.30 Uhr Zahnarzt	18.15 Uhr fernsehen
Dienstag	8.00 Uhr–13.00 Uhr Schule	15.00 Uhr Spielen mit Mia	
Mittwoch	8.00 Uhr–13.00 Uhr Schule		18.15 Uhr fernsehen
Donnerstag	8.00 Uhr–13.00 Uhr Schule	17.00 Uhr–18.00 Uhr Fußballtraining	
Freitag	8.00 Uhr–13.00 Uhr Schule		19.00 Uhr Geburtsatgsfeier Opa
Samstag		13.00 Uhr–16.00 Uhr Fahrradtour	19.00 Uhr Übernachten bei Mia
Sonntag		15.30 Uhr Oma besuchen	

① Male die Zeiger der Uhr.

a) Schule am Dienstag
   Anfang   Ende

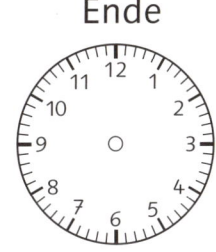

b) Zahnarzt
   Anfang   Ende

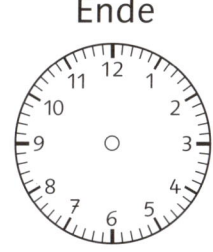

c) Fußballtraining
   Anfang   Ende

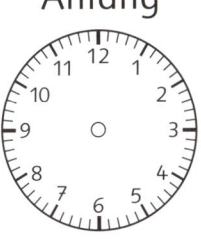
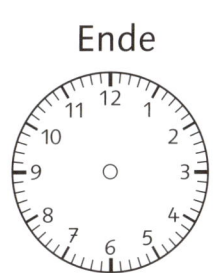

d) Fahrradtour
   Anfang   Ende

② Schreibe die Antwort.

a) Umut spielt 2 Stunden mit Mia.
   Um wie viel Uhr hören sie auf zu spielen? _____

b) Die Geburtstagsfeier bei Opa dauert 3 Stunden.

   Wann ist die Feier beendet? _____

► SB 138

★

Name: _____ Datum: _____

Zeitspannen

1 Eine Stunde dauert _____ Minuten.

Eine halbe Stunde dauert _____ Minuten.

Eine Viertelstunde dauert _____ Minuten.

Eine Dreiviertelstunde dauert _____ Minuten.

2 Wie viele Minuten fehlen zu einer Stunde?

a) 10 Minuten + _____ = 60 Minuten

b) 20 Minuten + _____ = 60 Minuten

c) 15 Minuten + _____ = 60 Minuten

d) 45 Minuten + _____ = 60 Minuten

3 Wie viele Minuten fehlen zu 30 Minuten?

a) 15 Minuten + _____ = 30 Minuten

b) 10 Minuten + _____ = 30 Minuten

c) 5 Minuten + _____ = 30 Minuten

d) 25 Minuten + _____ = 30 Minuten

4 Wie viele Minuten fehlen zu 45 Minuten?

a) 10 Minuten + _____ = 45 Minuten

b) 15 Minuten + _____ = 45 Minuten

c) 25 Minuten + _____ = 45 Minuten

d) 30 Minuten + _____ = 45 Minuten

5 Ordne nach der Dauer.
Beginne mit der geringsten.

| 5 Minuten | 20 Minuten | 2 Stunden |

| 90 Minuten | 1 Stunde | 3 Stunden |

5 Minuten, _____

▶ SB 138

★★

Kalender

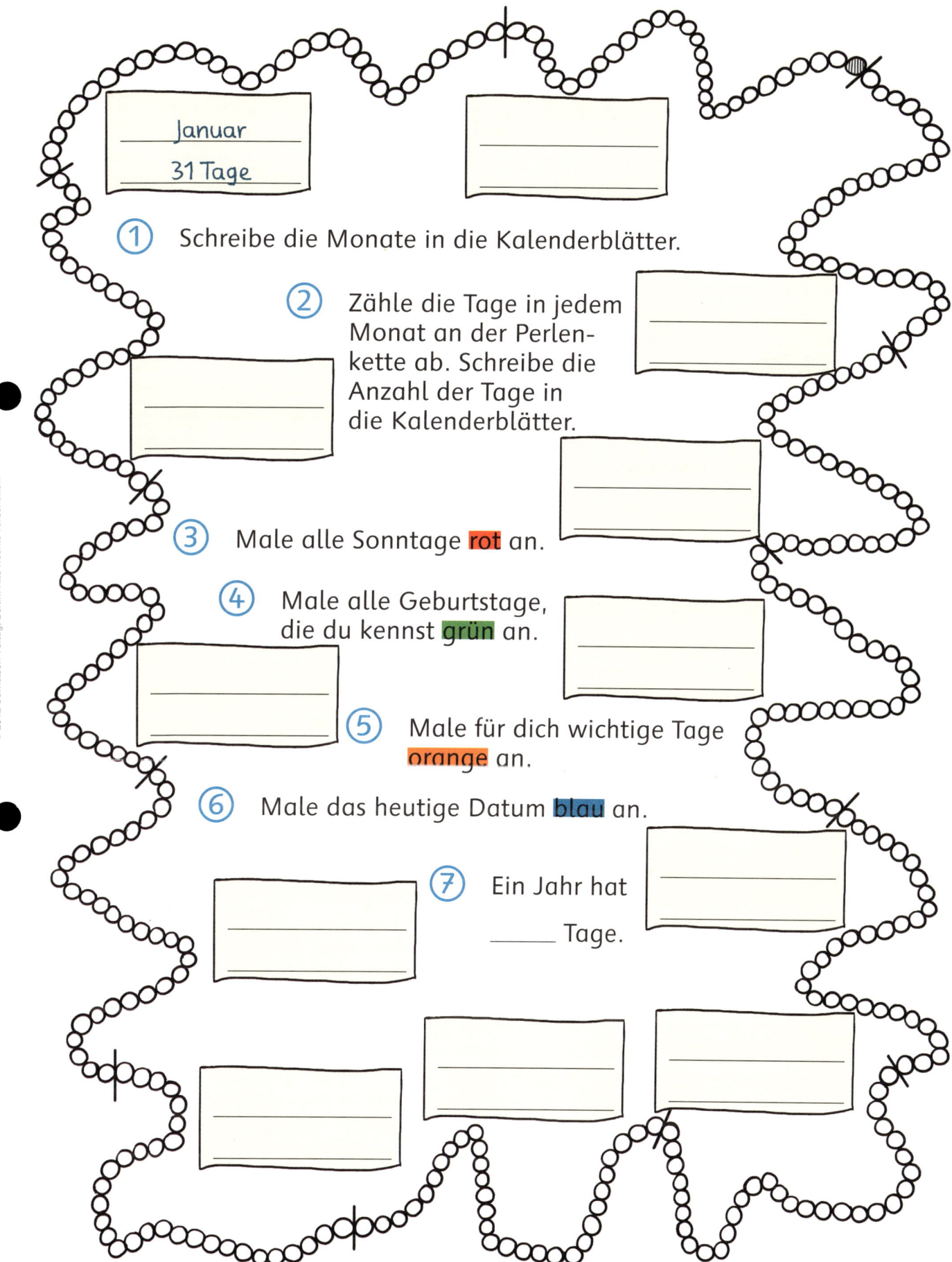

Januar
31 Tage

① Schreibe die Monate in die Kalenderblätter.

② Zähle die Tage in jedem Monat an der Perlen- kette ab. Schreibe die Anzahl der Tage in die Kalenderblätter.

③ Male alle Sonntage rot an.

④ Male alle Geburtstage, die du kennst grün an.

⑤ Male für dich wichtige Tage orange an.

⑥ Male das heutige Datum blau an.

⑦ Ein Jahr hat _____ Tage.

Name: _____ Datum: _____

Kalender

① Wie viele Tage sind es?

a) 2 Wochen _____ b) 3 Wochen _____

c) 4 Wochen _____ d) 1 Woche _____

② Wie viele Wochen sind es?

a) 7 Tage _____ b) 14 Tage _____

c) 28 Tage _____ d) 21 Tage _____

③ Wie viele Tage sind es?

a) 1 Woche und 5 Tage b) 2 Wochen und 3 Tage

_____ _____

c) 5 Wochen und 6 Tage d) 3 Wochen und 4 Tage

_____ _____

④ Wie viele Wochen und Tage sind es?

a) 16 Tage b) 24 Tage

_____ _____

c) 34 Tage d) 30 Tage

_____ _____

⑤ Wie viele Tage sind es?

a) Vom 2. Januar bis zum 13. Januar sind es _____ Tage.

b) Vom 20. August bis zum 29. August sind es _____ Tage.

c) Vom 24. Dezember bis zum 10. Januar sind es _____ Tage.